요즘 소비 트렌드
2026

요즘 소비 트렌드 2026

초판 1쇄 인쇄 2025년 10월 10일
1쇄 발행 2025년 10월 20일

지은이 노준영

펴낸이 우세웅
책임편집 강진홍
경영지원 고은주
표지 디자인 박정호
본문 디자인 김세경

종이 페이퍼프라이스㈜
인쇄 ㈜다온피앤피

펴낸곳 슬로디미디어
출판등록 2017년 6월 13일 제25100-2017-000035호
주소 경기 고양시 덕양구 청초로66, 덕은리버워크 지식산업센터 A동 15층 18호
전화 02)493-7780 **팩스** 0303)3442-7780
홈페이지 slodymedia-mo2.imweb.me **전자우편** wsw2525@gmail.com

ISBN 979-11-6785-283-0 (03320)

글 ⓒ 노준영, 2025

※ 이 책은 저작권법에 의하여 보호받는 저작물이므로 무단 전제와 무단 복제를 금합니다.
※ 잘못된 책은 구입하신 서점에서 교환해 드립니다.
※ 본서에 인용된 모든 글과 이미지는 독자들에게 해당 내용을 효과적으로 전달 하기 위해 출처를 밝혀 제한적으로 사용하였습니다.
※ 슬로디미디어는 여러분의 소중한 원고를 기다리고 있습니다.
　wsw2525@gmail.com 메일로 개요와 취지, 연락처를 보내주세요.

X세대 급부상, 극실용주의, 넥스트 인플루언서, 로코노미, AI 공존 비즈니스 등

마케터의 시각으로 본 '핫'한 소비 트렌드 읽기

요즘+ 소비- 트렌드 2026

노준영 지음

CONSUMPTION TRENDS

들어가며

당신은 변화를 느끼는 사람인가, 준비하는 사람인가?

우리는 매일 변화 속에서 살아간다. 누군가는 요즘 흐름이 너무 빨라 도저히 따라갈 수가 없다고 말하고, 또 누군가는 트렌드를 알아채고 움직였지만 이미 늦은 것 같다고 말한다. 변화는 늘 일어났다. 하지만 지금의 변화는 더 크고, 더 빠르고, 더 조용하다.

변화는 결코 멀리 있는 것이 아니다. 우리가 아침에 고른 커피 브랜드, 유튜브에서 추천받은 영상, 인스타그램에서 후기를 보고 구매한 IT 기기, 친구와 주고받은 대화 속 '밈' 등 모두가 하나의 트렌드다.

많은 사람이 트렌드를 유행 정도로 여기지만, 그것은 절반만 맞는 생각이다. 트렌드는 단순한 인기의 흐름이 아니라 우리가 무엇을 중요하게 생각하는지를 반영하는 집단적 관심의 표현이다. 개인의 취향과 선택이 모여 시대의 방향이 되고, 작은 생활 습관이 사회구조 변화를 불러온다. 그래서 나는 늘 트렌드를 알아야 한다고 말하고, 2026년을 준비하면서 또다시 그 중요성을 강조하고자 한다.

그렇다면 지금 이 순간에도 쏟아지는 정보 속에서 우리는 왜 트렌드를 읽어야 할까? 이유는 단순하다. 트렌드를 알면 변화를 느끼는 사람이 아니라 변화를 준비하는 사람이 될 수 있기 때문이다.

변화는 예고 없이 오지만, 전조 증상은 우리 주변 곳곳에 존재한다. 트렌드를 읽는 건 사회 흐름에 대한 예측이기도 하지만, 순간의 변화 징후를 예민하게 감지하고 해석을 더하는 일이기도 하다.

지금은 전례 없는 시대다. 인공지능(AI)은 더 이상 SF 영화 속 주제가 아니라 우리의 업무와 대화를 바꾸고 있다. 기후 위기는 더 이상 멸종 위기 동물의 이야기가 아니라 눈앞에 닥쳐온 재앙이다. 코로나19 팬데믹이 바꿔놓은 사회적 거리감은 여전히 인간관계의 구조를 흔들고 있고, 후속 세대인 알파세대와 베타세대는 이미 디지털 네이티브를 넘어 AI 네이티브로 성장하고 있다.

이처럼 변화가 빠르고 복잡하게 얽혀 있을수록 지금을 정확히 읽어야 한다. 트렌드는 단지 미래를 보기 위한 도구가 아니라 지금 우리의 삶을 더 깊이 이해하기 위한 프레임이다. 즉, 지금을 가장 완벽하게 읽을 수 있는 개념이다.

트렌드를 읽는다는 것은 스스로 선택하는 힘을 갖는다는 뜻이기도 하다. 수많은 콘텐츠와 선택지 속에서 우리는 고민한다. 단순한 유행에 휘둘리고, 타인의 선택 기준을 듣고 혼돈에 빠지기도 한다. 하지만 트렌드를 알면 유행을 거를 수 있는 눈이 생긴다. 이 눈은 마케팅하는 사람에게는 날카로운 전략이 되고, 회사를 운영하는 사람에게는 방향성이 되며, 평범한 일상을 사는 개인에게는 삶을 주도하는 나침반이 된다.

이 책은 다가올 2026년의 징후들을 풀어낸 기록이다. AI 확산, 소비 변화, 세대 전환, 라이프스타일의 이동, 브랜드의 진화 등 모두가 거대한 주제다. 하지만 우리 삶과 맞닿아 있기에 반드시 생각하고 넘어가야 할 이슈다. 여러분이 누구라도 상관없다. 우리 모두는 변화를 겪고 있고, 이미 트렌드의 한복판에 서 있다. 다만 누군가는 트렌드를 인지하고, 또 다른 누군가는 놓친다. 이 작은 차이가 미래를 준비하는 힘의 차이를 만들어낸다.

변화는 우리를 기다려주지 않는다. 그러니 트렌드를 읽는다는 건 결국 나의 내일을 스스로 설계하겠다는 의지다. 이 책이 그 여정에 작지만 정확한 이정표가 되기를 바란다.

아울러 매년 트렌드를 읽는 여정을 함께하는 사람들이 있다. 내가 아무리 많은 이야기를 한들, 함께 고민하는 사람들이 없다면 세상에 선보일 수 없을 것이다. 책이 나오기까지 함께 고민하며 도움을 준 모든 이에게 감사를 전한다.

노준영

차례

CONSUMPTION TRENDS

들어가며: 당신은 변화를 느끼는 사람인가, 준비하는 사람인가?   05

1. 메가트렌드로 이해하는 2026년 개괄

변곡점 위에 선 세상: 고리스크 시대에 대응하는 3가지 지혜	13
보편적 가치 AI, 동행의 시대엔 어떤 태도가 필요한가?	22
뉴미디어 과부하, '칠'한 세상을 열다	28
뇌가 녹는 콘텐츠? 단순한 콘텐츠의 범람은 왜 시작된 걸까?	32
기후는 새로운 전략, 탄소 가치를 읽는 기술	37

2. 중심 상권보다 좋은 그곳, '로컬'의 재발견

기업들이 '지역'과 협업해 제품을 내는 이유	47
지루함을 이겨내는 해답, 지역에서 찾다	53
취향에 따른 해답, 각자의 '핫플' 만들기	57
지속할 수 없다면 시작도 하지 말라, 로코노미의 필요충분조건 3가지	62
로컬을 확장시키는 테크, 새로운 자원을 활용해야 하는 이유	71

3. MZ보다 무서운 그들, X세대의 역주행

X세대, 자유를 바탕으로 새로운 삶을 꿈꾸다	79
늦바람의 시작, X세대가 자신을 이해하는 2가지 방향성	86
X세대가 크리에이터를 꿈꾸는 이유, 4가지 의미로 보는 자기표현	95
커머스를 바꾸다: X세대의 '관계 중심' 소비	100
X세대는 정체성 강화를 위해 어떤 선택을 하는가?	106

4. 극실용주의와 초개인화 시대

광고보다 리뷰를 찾는 이유, 극실용주의 시대를 준비하는 3가지 변화   117
테토남? 테토녀? 정체성을 추천하는 개인화의 핵심 요건 3가지   125
듀프족의 경제학, '가치비' 시대의 생존 요소 3가지   134
브랜드 대신 '감각' 팔기, 감각을 설계하는 5가지 인사이트   144

5. 인플루언서 3.0 시대, 부캐가 대세가 된 이유

변화하는 인플루언서의 개념: 새로운 인플루언서의 필요조건   157
흉내일까 진심일까? 부캐 실행 공식 5가지와 5단계 접근법   161
캐릭터 전성시대, 소통하는 캐릭터가 갖춰야 할 핵심 조건   169
느슨한 연결의 시대: 팬덤을 만드는 5가지 방법   176

6. 인간성 회복 프로젝트: 테크 피로 이후의 감각 회귀

만드는 과정 자체가 신뢰? 촉각이 대세가 된 4가지 이유   185
무용한 것들의 위로, 쓸모없음이 실용성이 되다?   193
느림의 기술, 속도를 줄이는 전략 3가지   200
다시 길어지는 콘텐츠 시장, 사랑받는 롱폼의 5가지 조건   208

7. 생성되는 직업들, 1인 르네상스

나는 누구와 일하는가: AI와의 '공동 창업' 시대   219
'나도 되는 건가요?': 평범한 사람이 브랜드가 되는 공식   221
새로운 직업의 지도: 역할 시대를 대비하는 3가지 방법   226
AI와 업무 파트너로 공존하기, 신뢰 형성의 필수 조건   230
프롬프트 세계관 노동, 1인 르네상스 최적화 마인드셋 5계명   233

에필로그: 트렌드, 가치를 넘어 삶의 방향으로   241

1

CONSUMPTION

메가트렌드로
이해하는
2026년 개괄

RINDS +−

변곡점 위에 선 세상: 고리스크 시대에 대응하는 3가지 지혜

성장이라는 단어는 아름다운 뜻을 내포한다. 유지나 후퇴보다는 훨씬 나은 개념이다. 그래서 사회의 모든 것을 설명하는 열쇠로 여겨졌다. 국가도, 기업도, 개인도 얼마나 더 커졌는지, 얼마나 더 빨라졌는지를 기준으로 평가받았다. 성장하지 않는 것은 곧 실패였고, 뒤처지는 것이었다. 심지어 이런 분위기는 현상 유지조차 부정적인 개념으로 만들었다.

그러나 2020년대 중반 우리는 조금씩 이상한 현상들을 목격하기 시작했다. 매년 발표되는 경제성장률은 이전보다 낮아졌고, 기업의 실적은 정체되었다.

누군가는 안정적인 상황이라고 말했지만, 분명 이전과는 다른 모습이었다. 더 이상 성장은 어렵다는 부정적인 인식 속에 피로감과 체념이 번졌다. 자동으로 성장하는 것 같았던 과거의 시간이 끝나버린 것이다. 인구는 줄고, 자원은 제한적이며, 기술 혁신도 일정 속도에 도달하면 성과를 가시화하는 데 더 많은 시간이 걸린다. 많은 국가에서 저성장은 일시적인 주춤거림이 아니라 새로운 표준(뉴노멀[new normal])으로 받아들여지고 있다.

2026년을 마주하며 다시 묻는다. 우리는 다시 성장할 수 있을까?

단순히 성장률 지표만 보면 변화는 미미해 보일 수 있다. 하지만 일상은 크게 달라졌다. 대한민국의 생산 가능 인구는 이미 정점을 지나 감소하기 시작했다. 자영업 폐업률은 창업률을 앞서고 있다. 대기업도 신규 투자보다 기존 사업 구조 조정에 더 많은 에너지를 쏟고 있으며, 스타트업 투자 시장은 침체를 넘어 수축 국면으로 접어들었다. 대중은 끊임없이 새로운 투자처를 찾지만, 어느 쪽을 택하든 크게 벌긴 어렵다는 인식이 퍼졌다. 개인의 소비 태도는 극단적 절약, 또는 자포자기의 과소비로 나뉘고 있다.

정체는 이제 일상이다. 문제는 이 정체가 경제 영역에만 적용되지 않는다는 점이다. 사회 트렌드 전반에서 일반적인 현상으로 퍼지고 있다.

저성장이 만든 공백은 전례 없는 수준의 리스크와 변동성을 가져왔다. 이 중 가장 큰 축은 경제적 불안이다. 금리와 인플레이션, 청년 실업, 부채 부담, 부동산 시장 불안정성이 뒤얽혀 개인과 기업의 의사 결정을 어렵게 만든다.

기후 위기도 또 다른 리스크다. 기상이변은 예측이 불가능해졌고, 매년 돌아오는 폭염은 해마다 위세를 떨치고 있다.

ESG 규제가 강화되면서 기업의 경영 판단도 더 복잡해진 상황이다. 기술적 리스크도 무시하기 어렵다.

AI는 생산성과 창의성을 끌어올렸다. 하지만 한편으로는 저작권 침해, 데이터 왜곡, 일자리 대체에 대한 불안감을 불러온다.

기술은 빠르게 발전하고 있지만 윤리와 법 제도는 이미 발전 속도를 따라잡지 못하고 있다. 이처럼 서로 다른 위기들이 융합되어 연쇄반응을 일으킨다. 이 상황을 우리는 '고리스크 사회'라고 불러야 한다.

그래서 이제 어떻게 살아야 할지 모르겠다고 말하는 사람이 많다. 과거에는 성실히 준비하면 성공한다는 인식이 있었고, 계획을 세우고 실행하면 일정 수준 이상의 미래를 확보할 수 있었다. 누구나 학창 시절 들었던 공부에 대한 재촉은 이런 믿음이 있었기에 통했다.

하지만 지금은 모든 것이 불확실하다. 계획대로 사는 사람은 손에 꼽을 정도다. 정보는 넘쳐나는데 어떤 게 진실인지 판단하기 어렵다. 우리는 AI가 만든 뉴스, 알고리즘이 보여주는 콘텐츠, 누가 만들었는지 모르는 데이터 등을 받아들이는 동시에 의심해야 하는 시대를 살아가고 있다.

그 결과 사람들은 회피하는 기술을 활용한다. 결정을 미루거나 아무것도 선택하지 않는 것이다. 비합리적 투자, 무계획적 이직 등도 혼란 속에서 나온 선택이다. 이 선택의 밑바닥에는 어차피 예측할 수 없으니 마음대로 하겠다는 허무주의가 있다.

물론 이런 시대에도 움직이는 사람들은 있다. 더 큰 목표보다 지금 당장 바꿀 수 있는 것에 집중한다. 많은 수익보다 안정적인 생존을 택하고, 큰 명성보다 스스로 뿌듯함을 느낄 수 있는 목표에 접근한다. 직장에 다니며 새로운 도전을 꿈꾸는 사람들, 다른 기술을 배우는 중년층, 부업을 통해 리스크를 분산시키는 N잡러들이 대표적이다. 이들은 더 이상 대박이나 한 방을 꿈꾸지 않는다. 대신 자신이 통제할 수 있는 작은 반경 안에서 리스크를 줄이고 유연하게 삶을 운영한다. 기업 역시 다르지 않다. 유연 근무제, 분산 공급망, ESG 전략 현실화 등은 모두 고리스크 환경에서 살아남기 위한 전략이다. 확실한 것보다 통제 가능한 다양성을 꿈꾸는 것이다.

특히 기업들이 이런 흐름을 읽고 리스크를 줄이기 위해 내놓은 트렌디한 선택지에 주목할 필요가 있다. 대표적인 것이 구독 모델이다. 『요즘 소비 트렌드 2025』에서 이미 강조했던 부분이다. 구매하는 비용보다 저렴하게 느껴지는 구독료로 초기 진입 장벽을 낮추거나 많은 할인 혜택을 제공하는 것이다.

구독은 고객이 초기 진입하는 데 대한 리스크를 줄이며, 지속적 혜택을 제공함으로써 고객 이탈 가능성을 낮추는 효과가 있다. 가전 구독에는 대부분 관리 상품이 포함되어 있는데, 제품 관리에 어려움을 느끼는 사람들의 마음을 자극한다. 물론 사람들이 구독을 선택하도록 만드는 과정이 간단하지는 않다. 하지만 일단 구독만 한다면, 제품이나 서비스에 크게 실망하지 않는 이상 취소하는 경우는 많지 않다.

농협맛선은 소포장 과일 구독 서비스를 제공하고 있다. 제철 과일을 정기 배송하는 서비스인데, 출시 1년 만에 70% 넘게 성장하는 성과를 이뤘다. 이에 혼합곡 구독 서비스까지 확장했고, 역시 가파른 성장세를 기록했다.

가성비와 편리함을 중시하는 소비자들은 구독에 관심을 둔다. 구독은 리스크를 극복하는 데 좋은 아이디어다.

레트로 활용 역시 리스크를 줄이는 방식 중 하나다. 레트로는 과거의 스타일이나 문화를 현재에 다시 즐기는 트렌드를 가리킨다. 보통은 현대적으로 재해석하기 때문에 '뉴트로'라는 용어로 표현한다. 뉴트로는 레트로에 현대적 관점을 더한 것을 가리킨다. 단순한 재출시라도 시

구독을 활용하니 불확실한 경제 상황에서도 성장했다.(출처: 농협맛선)

장조사를 거쳐 현시점에 맞는 옷을 입혀 내놓기 때문에 대부분 뉴트로에 해당한다.

레트로는 대부분 검증된 과거에서 나온다. 예를 들면 과거에 인기를 얻었던 제품인데 시간이 흐르며 단종된 사례들을 들 수 있다. 인기를 얻었다는 사실은 곧 검증된 팩트다. 대중의 반응도 이미 과거에 관찰했고, 시장 전략에도 인사이트가 존재한다. 그러니 전혀 새로운 제품을 출시할 때 발생하는 불확실성을 줄일 수 있다.

그렇다면 해당 레트로 코드를 경험하지 못한 세대는 어떨까? 아이러니하게도 리스크가 줄어든다. 명분이 생기기 때문이다. MZ세대와 알파세대는 소비를 결정하는 명분을 중요하게 여긴다.

레트로는 '과거에 인기 있었던 것'이라는 쉽고도 정확한 명분이 있다. 과거에 인기 있었으니 사람들은 경험하고 싶어 하고 호기심을 느낀다. 아예 새로운 제품은 경험 측면에서는 강점이 많으나, 소비를 위한 명분을 찾기까지 시간이 걸린다. 레트로는 이 시간마저 단축해주니 기업과 브랜드 입장에서는 활용하지 않을 이유가 없다.

패키지를 바꿨다. 하지만 리스크는 오히려 줄었다.
(출처: 오비맥주)

대표적으로 패키지를 바꾸는 활용법이 있다. 새로운 패키지를 만드는 건 리스크가 크다. 비용 리스크뿐만 아니라 패키지의 의도를 대중에게 인식시켜야 하는 부담이 뒤따른다. 소위 브랜딩 '리셋' 버튼을 누르는 것이다. 하지만 레트로 패키지를 활용하면 위험도가 낮아진다. 이미 경험해본 사람들이 친숙함을 느껴 쉽게 다가오기 때문이다. 이전에 진행한 브랜딩 과정을 새롭게 시작할 필요도 없다. 소통하며 이어가면 그만이다.

리스크라는 단어에 주목할 때 기존 고객 관리와 유지에 관해서도 생각해볼 필요가 있다. 과거 기업들은 신규 고객 확보를 성공 기준으로 삼았다. 성장의 논리는 늘 외부를 향했고, 새로운 시장과 미개척 소비자를 목표로 삼았다. 그러나 이제는 그 균형이 바뀌고 있다. 리스크가 커질수록 기업은 기존 고객이라는 확실한 자산에 더 집중하고 있다. 공격보다 방어 전략을 취하는 것이다.

여기서 방어란 이미 존재하는 관계를 지키는 일이다. 신규 고객 유입에는 시간과 비용이 많이 들고, 성공 확률은 점점 낮아지고 있다. 반면 기존 고객을 만족시키며 이탈을 막고 충성도를 높이는 일은 비교적 예측 가능하고 성과도 빠르다. 많은 기업이 '고객 확보(CAC)'보다 '고객 유지율(CRR)' 지표를 더 중요하게 다루기 시작한 것도 이 때문이다.

예를 들어 앞서 언급한 구독 서비스 시장에서는 이탈률을 1% 낮추는 것이 신규 고객을 10% 늘리는 것보다 투자 대비 수익률(ROI)이 크다는 것이 여러 실증 분석으로 입증되고 있다. 이에 따라 고객 관계 관리(customer relationship management, CRM)가 마케팅의 핵심 요소로 떠올랐다.

이 흐름은 다양한 방식으로 나타난다. 이커머스 플랫폼은 VIP 등급 관리와 개인화 추천에 AI 자원을 투자한다. 금융 기업은 장기 고객 전용 상품을 만들거나 생애 주기별 재무 상담을 강화한다. 클라우드 기반 IT 기업은 고객이 이탈하기 전에 조짐을 감지해 사전 대응하는 리텐션 솔루션을 도입하고 있다. 이처럼 기존 고객이라는 자산은 예측 가능성과 안정성을 확보하고 불확실성을 줄이는 가치로 재조명되고 있다.

고객 입장의 변화도 감지된다. 위험 회피 성향이 강해지고, 새로운 브랜드나 서비스에 대한 호기심보다 익숙함과 신뢰를 우선순위에 둔다. 이는 기업이 관계에 기반한 서비스를 더 정교하게 다듬어야 함을 뜻한다. 앞서 언급한 CRM의 영역이다.

과거에는 브랜드 로열티라는 말이 흔하게 쓰였다. 브랜드에 대한 충성도를 의미하는데, 아쉽게도 기업이나 브랜드가 이기적으로 해석했다. 로열티가 높으면 고객과의 관계에서 기업과 브랜드가 우위에 있는 것이라 착각한 것이다.

이 단어는 고객이 주도하는 경험, 또는 고객 중심 사고로 대체되어야 한다. 단순히 고객이 만족하면 끝나는 게 아니다. 고객은 지속적으로 제품이나 서비스를 선택할 명분을 원한다. 이 명분은 늘 바뀐다. 결국 이 시대의 트렌드가 말하는 메시지는 많이 알리는 것만큼이나 오래 연결되는 걸 목표로 삼으라는 것이다. 장기 생존을 원한다면 단기 매출이 아니라 관계의 지속성을 성과로 봐야 한다. 어쩌면 관점 전환이 고리스크 시대의 가장 합리적 성장 전략일지도 모른다.

이 책을 읽고 있는 당신 역시 고리스크 사회를 살아가고 있을 것이다. 어떤 선택은 불안했고, 어떤 뉴스는 과장되었으며, 어떤 변화는 너무 빨랐다. 혼란 속에서 꼭 기억해야 할 것은 다음 3가지다.

첫째는 넓게 보는 시선을 갖추라는 것이다. 예측보다 해석이 중요하고, 속도보다 방향이 중요하다. 물론 멀리 보는 작업을 아예 멈출 순 없다. 하지만 지나치게 먼 곳은 불확실하다. 차라리 다양한 측면을 바라보며 의미 있는 해석을 하는 게 나을 것이다. 트렌드를 따라 움직이는 기업이나 브랜드, 기관의 행보 역시 그렇다. 다양한 대중과 대화하고, 대화에서 알게 된 자료들을 해석하는 데 집중해야 한다. 먼 미래의 대중보다 동시대의 대중이 어떤 생각을 하고 있는지 읽는 일이다. 변곡점 위에 서 있는 2026년을 대비하는 좋은 방식이다.

코오롱인더스트리가 전개하는 업사이클링 패션 브랜드 래코드는 산업 폐소재의 순환 가능성과 재해석을 말하는 전시회를 연 적이 있다. 군용 텐트, 낙하산, 에어백, 의료복 등 폐소재들이 재해석을 거쳐 새로운 조형물과 의류가 되었다. 이렇게 대상을 바라보는 새로운 시선, 혹은 새로운 의미를 부여하려는 노력이 불확실성을 줄이는 지혜가 된다는

재해석은 어디에나 가능하다.(출처: 래코드)

사실을 기억하자.

둘째는 극단적 서사에서 벗어나라는 것이다. 무조건적인 희망도 절망도 정보 과잉이 만든 결과일 수 있다. 다양한 관점에서 중심을 잡아야 한다. 우리 주변에서 쉽게 만날 수 있는 '취향 소비' 트렌드를 보라. 대중의 취향 속에서 소위 시장성이 있는 것들을 발견하고 쉴 틈 없이 제품이나 서비스로 구현한다. 뉴미디어를 타고 주목받는 제품들이 나타나는데, 지나친 고집으로 한쪽에 집중하는 극단적 사고로는 얻기 어려운 결과다. 스테디셀러들도 끊임없이 변신을 시도하는 현실을 생각하라.

셋째는 자신만의 신호 감지 시스템을 만들라는 것이다. 어떤 정보를 믿을지, 누구의 시선을 따를지, 어떤 변화를 놓치지 않을지 스스로 선택해야 한다. 그래야 불확실한 세계에서도 중심을 잃지 않는다.

지금 우리는 변곡점 위에 서 있다. 예전처럼 살 수 없다는 건 알지만, 삶에 대한 대안이 불확실하다. 그러나 이것이 곧 멈춰야 한다는 뜻은 아니다. 오히려 새로운 기준과 새로운 감각을 만들 수 있는 기회다.

트렌드를 읽는다는 건 단순히 유행을 좇는 것이 아니라 변화의 맥락을 해석하고 내 삶의 리스크를 줄이는 기술을 익히는 일이다. 저성장·고리스크 시대일수록 통찰의 힘이 더욱 필요하다. 변화는 당신을 기다리지 않는다. 읽고, 관찰하고, 다시 질문하자. 바로 이 과정이 당신의 내일을 지킬 것이다.

보편적 가치 AI, 동행의 시대엔 어떤 태도가 필요한가?

불과 몇 년 전을 생각해본다. AI는 기술 발전의 상징이었다. 인간이 만든 가장 똑똑한 기술 혹은 장비 같았다. 하지만 2022년 이후 생성형 AI가 일상에 등장하면서 이 인식은 근본적인 전환을 맞았다. 이제 AI는 단순한 기술이나 장비가 아니다. 인간과 대화하며 콘텐츠를 만들고, 때로는 인간보다 더 창의적인 결과를 낸다. 모든 작업을 속도감 있게 진행하며 우리의 일상을 완전히 바꾸고 있다.

문제는 여기서부터 시작된다. 우리는 AI를 도구로 부르려 한다. 그러나 점점 AI와 대화하고, AI의 판단을 따르며, AI의 도움 없이 결정을 내리지 못하는 단계로 접어들고 있다. 생각해보라. 우리가 일상에서 활용하고 있는 도구 중 대화를 나누는 대상이 있는가? AI는 그야말로 독보적인 위치를 차지하고 있다. 그래서 이제 공존이 아니라 공동 판단과 공동 작업의 시대로 향하고 있다. 2026년의 우리는 질문해야 한다. AI와 인간은 어디까지 함께할 수 있는가? 그 함께함의 경계는 무엇인가?

많은 분야에서 AI는 인간의 파트너로 자리 잡고 있다. 예술, 디자인, 글쓰기, 마케팅, 소프트웨어 개발, 심지어 법률 자문까지 가능하다. 더는 특정 영역에 국한되지 않는다. AI와의 협업은 단순한 업무 분담이 아니다. AI는 인간의 아이디어를 확장하거나 보완하며, 때로는 의외의 연결을 제안한다. 인간은 방향성을 제시하고, AI는 그 안에서 수천 가지 조합과 변형을 통해 결과물을 도출한다.

예를 들어 마케팅 분야에서는 카피라이터가 AI에 여러 가지 문장 패턴을 요청한다. AI의 제안 중 몇 개를 선택해 다듬는 방식으로 협업한다. 개발 분야에서는 AI가 코드를 제안한다. 개발자가 이를 검토하고 조정하며 전체 로직을 완성한다. 이런 작업 방식은 생산성을 비약적으로 높인다. 하지만 동시에 인간의 역할이 단순한 편집자 수준으로 축소될 수 있다는 우려도 제기된다.

2026년 우리가 마주할 가장 민감한 질문 중 하나는 바로 이 지점에 있다. 창의성은 인간만의 영역인가? AI는 방대한 데이터를 바탕으로 새로운 이미지를 만들고, 감성적인 시를 쓰며, 사용자의 요구에 맞는 로고나 브랜드도 만든다. 때로 결과물이 인간의 창작물보다 더 좋다는 평가를 받기도 한다. 그런데 이 창의성은 진짜 창조인가? 아니면 데이터에 기반한 변형일 뿐인가?

AI는 스스로 욕망하지 않는다. 의미도 느끼지 않는다. 따라서 예술과 창작의 본질적 동기가 없다는 비판은 여전히 유효하다. 그러나 인간이 AI의 창작을 유의미하다고 생각해 적극적으로 활용한다면 그 결과물을 창작으로 간주할 수 있지 않을까? 우리는 창의성을 바라보는 관점 자체를 재정의해야 할 시점에 있다. 창의성은 인간만의 것이 아니라, 인간과 AI 공동의 사고 구조에서 나오는 모든 새로운 것이라고 확장 해석해야 할지도 모른다.

실제로 변화는 이미 감지되고 있다. 기업이나 기관에서 진행하는 AI 창작물 공모전이 많아지고 있다. 과거에는 AI의 조력을 어떻게 봐야 할 것인지에 관해 논란의 여지가 있었지만, 이제는 아예 AI를 활용해 창작하라는 조건을 제시한다. AI의 창의성을 바라보는 시선이 달라지고 있다.

많은 사람이 이미 AI와의 상호작용에서 감정을 느낀다. 공감받는 느낌이나 인정받는 기분을 경험한다. 특히 외로움을 느끼는 고령층이나 불안정한 청년 세대에게 AI 챗봇과의 관계가 일종의 위안이 되기도 한다.

AI는 수많은 문장을 학습했다. 어떤 상황에서 어떤 단어가 위로가 되는지 알고 있다. 사실 이 내용은 진짜 감정이 아니라 수학적으로 계산된 응답이다. 하지만 사용자에게는 감정적으로 위안이 된다. 이미 우리는 일상에서 고령층에게 안부를 묻는 용도로 AI를 활용 중이다. 자신만의 봇을 만들어 우울할 때 대화하는 사람들도 있고, 각종 상담 서비스 전면에 AI를 내세우는 사례도 쉽게 찾아볼 수 있다. AI가 사람을 위로할 수 있다면, 이미 새로운 형태의 감정 노동이다. 문제는 이 감정 노동이 감정이 없는 존재에게 맡겨졌을 때 인간의 심리는 어떤 방향으로 변화할 것인가 하는 점이다.

지금까지의 이야기를 토대로 정리해본다. AI와 함께 살아가는 시대의 불안은 대부분 다음 4가지 질문으로 수렴된다.

첫째, AI가 내 일자리를 빼앗지는 않을까?
둘째, AI를 누가 통제하는가?
셋째, AI가 창작의 영역을 침범하진 않을까?
넷째, AI 시대에 인간성은 무엇으로 남는가?

첫 번째 질문은 실질적인 위협이다. 반복 업무, 규칙 기반 작업은 이미 빠르게 자동화되고 있으며, 중간관리자나 기획자 같은 판단형 직무도 영향을 받고 있다. 단순히 사라지는 일자리의 숫자가 아니라, 인간이 무엇을 해야 하는가에 대한 정체성을 다시 물어야 한다.

두 번째 질문은 힘의 문제다. AI를 만드는 것은 소수의 기술 기업이고, 학습 데이터는 사용자로부터 수집된다. 투명한 통제 시스템이 없다면 우리는 AI가 결정하는 과정을 알 수 없다.

세 번째 질문은 앞서 언급한 문제다. 창의력을 발휘하는 분야는 모두 인간의 영역이라고 생각했는데, AI가 생각보다 큰 역할을 할 수 있다는 사실을 알게 된 후 수면 위로 급부상했다. 창의력을 바탕으로 만들어진 일자리가 많기 때문에 첫 번째 질문과도 연관성이 있다고 볼 수 있다.

네 번째 질문은 철학적이다. 인간은 AI라는 도구를 만들었다. 그러나 이제 그 도구가 인간보다 더 잘 판단하고 더 빠르게 움직인다. 이 상황에서 인간은 무엇으로 존재 가치를 증명해야 하는가? 모든 영역에서 AI가 인간의 퍼포먼스를 내는 지금, 인간의 본질을 다시 정의해야 한다.

공존은 평화로운 상태로 함께 존재한다는 뜻이다. 동행은 함께 길을 간다는 의미다. AI와 인간의 관계는 이제 단순한 공존을 넘어 상호 보완과 동행을 요구한다. 2026년의 우리는 AI의 결정을 단순히 수용하는 데 그쳐서는 안 된다. 작동 원리를 이해하고 활용하며, 때로는 이의를 제기하고 다른 방향을 제시할 수 있어야 한다.

AI와의 동행은 기술 리터러시(문해력)의 문제가 아니다. 철학적·윤리적 성숙의 문제다. 무엇이 인간에게 중요한가? 어떤 가치를 놓치지 말아야 하는가? 2026년에 우리는 이런 질문을 끊임없이 던지며 AI를 함께 걷는 존재로 삼아야 한다.

물론 이 길은 쉽지 않다. 하지만 새로운 기술과의 동행은 인류가 거듭 선택해온 여정이다. 인간은 불과 100여 년 전에도 기계화에 대한 두려움과 함께 산업화를 맞이했다. 컴퓨터와 인터넷, 스마트폰 등 전환기마다 두려움을 유발하는 새로움을 받아들이고 발전했다. 그리고 지금 우리는 또 하나의 전환점에 서 있다.

AI 시대를 살아가는 인간으로서 우리가 갖추어야 할 태도와 감각은 다음과 같다. 먼저 AI를 이해하려는 태도를 가져야 한다. AI는 더 이상 전문가만의 주제가 아니다. 누구나 작동 원리와 활용법을 일정 수준 이상 알아야 한다. 검색하기보다 대화를 하라. 스스로 AI 활용에 대한 인사이트를 만들어내고, 자신만의 영역에 AI를 더하는 과정을 수행하라.

의심하고 질문하는 능력도 필수다. AI가 제공하는 정보, 결정, 추천을 비판 없이 수용하지 말고, 질문하며 비교하는 습관이 필요하다.

AI 툴은 많다. 앞으로도 많은 AI 툴이 등장할 것이다. 인간은 어느 한쪽에 모든 역량을 집중시키지 말고 다양하게 활용해보며 가장 좋은 답을 찾아야 한다. 협업의 감각은 변화를 이해하는 핵심이다. AI를 경쟁자로 보지 말고, 함께 쓰는 도구로 인식할 때 새로운 가능성이 열린다.

아직도 AI를 평가절하하는 사람이 많다. 활용에 대한 이해가 부족하면 발생하는 일이다. 하지만 한편으로 인간의 영역을 빼앗아 가는 AI에 대한 반감도 있을 것이다. AI는 우리의 생산성을 끌어올리는 파트너다. 우리가 그간 해왔던 일들을 더 잘하게 만들어줄 수 있다. 그러니 굳이 경쟁자로 인식해 질투하듯 평가절하하는 일은 이제 그만해야 한다.

인간만이 고민하는 가치에 대한 성찰도 아끼지 말아야 한다. 공감, 윤리, 관계 맺기, 맥락을 파악하는 능력 등은 여전히 인간 고유의 영역이다. AI의 도움으로 뼈대를 만들고 여기에 인간의 영역을 더하는 과정이 필요하다. 쉽게 생각해도 좋다. 방대한 자료를 수집하는 건 AI의 일이다. 하지만 이 자료에 자신만의 경험이나 인사이트를 더해 더 나은 해석을 추구하는 건 인간의 일이라는 걸 잊지 말자.

AI와의 동행은 인간이 더 인간다워지는 길이 되어야 한다. 감정을 표현하고, 의미를 찾아내고, 책임을 지려는 태도는 기계가 가질 수 없는 권리다. 기술은 언제나 도구였고, 도구는 목적을 가진 자에게 힘을 준다. 우리가 AI를 목적이 아닌 도구로 사용할 수 있다면 결코 기술에 지지 않을 것이다. 동행은 기술이 아닌 사고의 문제다. 그리고 우리는 지금 새로운 사고의 초입에 서 있다.

뉴미디어 과부하, '칠'한 세상을 열다

　　갑작스럽게 등장해 큰 반응을 얻은 밈(인터넷 커뮤니티나 SNS 등 뉴미디어를 중심으로 퍼져나가는 유행)이 있다. 일명 '칠가이' 밈이다. 칠(chill)이라는 단어는 냉기, 한기를 말한다. 그래서 '식히다', '차갑게 하다'라는 뜻을 나타내기도 한다.

　　칠가이 밈에 등장하는 인물은 이렇다. 머리는 강아지고, 몸은 사람이다. 옷차림은 평범하다. 청바지와 스웨터, 캔버스 운동화 등 쉽게 볼 수 있는 캐주얼한 의류를 착용하고 있다.

　　주목해야 할 부분은 표정이다. 어떤 감정에도 흔들리지 않는다는 듯 여유로운 표정을 짓고 있다. 칠가이 밈은 이 표정 그대로 활용된다. 어떤 사건을 만나도 표정이 변하지 않는다. 세상 모든 진리를 깨달은 사람이 이런 모습일 것 같다. 그래서 '칠'이라는 단어를 썼다. 일상에서 느끼는 감정에 휘둘리지 않고 차가울 정도로 의연한 표정을 보여주기 때문이다.

영미권에서 시작된 칠가이 밈은 힘든 세상 속에서 긍정적이고 느긋한 삶의 자세를 강조하는 형태로 활용되었다. 쿨한 성격을 가진 낙관적인 캐릭터다. 때로는 누군가의 지친 마음을 위로하고, 한편으로는 삶의 지향점을 말없이 제시하기도 했다.

하지만 처음부터 폭발적 반응을 얻은 건 아니었다. 주로 사회에 부정적 코드가 많아졌던 2024년 말 주목받기 시작했다. 앞서 언급했지만, 2026년의 우리는 변곡점 위에 서 있다. 불안정성은 극대화되고, 예측할 수 없는 일들이 더 많아진다. 안정성은 감소하고, 정서적 불안함을 자주 느끼는 환경이다. 칠가이 밈은 이런 현실을 대표하는 콘텐츠라고 할 수 있다.

흥미로운 사실은 우리가 2026년을 '칠'하게 이끌어가게 될 것이라는 사실이다. 도대체 무슨 뜻일까? 일단 이후의 설명에서는 이해하기 쉽도록 '칠'이라는 단어 대신 일상에서 자주 쓰는 '쿨'을 활용하겠다.

쿨해진다는 건 디지털 세상이 요구하는 많은 기준으로부터 자유로워지는 것이다. 디지털 피로감 때문이다. 디지털 기술은 우리의 삶을 유연하고 빠르게 만들었다. 그중에서도 소셜미디어는 사람 간의 관계, 정보 소비, 자기표현 방식을 근본적으로 바꾸었다. 이러한 변화를 상징적으로 표현한 것은 '누구나 콘텐츠 생산자가 되는 시대', 팔로어와 '좋아요'의 사회, '정보가 자유롭게 공유되는 시대'라는 말이었다. 그러나 이 연결의 시대가 끊임없이 지속되자 인간은 연결이 주는 피로에 직면하게 되었다. 우리는 반강제적으로 온라인에 늘 접속되어 있어야 했다.

끊임없이 알림이 울리며, 타인의 성과나 감정에 하루 종일 노출된다. 자유로운 소통 대신 정보 과잉, 비교의 압박, 무언의 사회적 감시 등 보이지 않는 피로가 쌓였다.

이제 사람들은 연결의 편리함 대신 단절의 필요성을 말하기 시작했다. SNS를 끊고 싶어 하는 사람들이 늘어나고 있다. 2020년대 초반까지만 해도 대부분의 사람들은 인스타그램, 트위터(X), 페이스북 같은 거대 SNS 플랫폼을 일상처럼 이용했다. 사람이 몰리니 기업과 기관, 각종 브랜드의 마케팅 활동 역시 SNS에서 집중적으로 행해졌다.

하지만 최근 몇 년 사이 이용 양상이 미묘하게 달라지고 있다. 휴식형 사용자가 증가 중이다. SNS 계정을 비활성화하거나 로그아웃 챌린지에 참여하는 이들이 많아졌다. 공개적인 게시물 대신 DM이나 단톡방 같은 폐쇄형 소통으로 중심축을 옮기는 사람도 있고, 정보 과잉을 피하기 위해 직접 AI와 대화하거나 뉴스레터를 구독하는 방식을 선호하는 사람도 있다. 디지털 디톡스 앱 시장도 꾸준히 성장하고 있다.

MZ세대는 SNS를 자유롭게 활용하면서도 SNS에서 벗어나는 데 익숙한 세대다. 이들은 SNS에서 다양한 트렌드를 만들지만, SNS에 휘둘리지 않으려는 자율성을 동시에 추구한다. 그 결과 SNS는 모두에게 열려 있는 공간이라는 의미 대신 선택적 연결 플랫폼으로 위치가 바뀌고 있다.

디지털 피로감은 더 이상 긴 로딩 시간에서 오는 스트레스나 눈이 아픈 것과 같이 단순한 문제가 아니다. 정신적·정서적 과부하와 같은 중대한 문제다. 다음은 사람들이 SNS에서 쿨해지고 싶어 하는 대표적

이유들이다.

+ 자기과시의 피로: 타인의 반응을 의식하며 일상을 연출해야 하는 기획된 내 모습이 주는 피로감
+ 비교의 피로: 타인의 성취, 외모, 소비 패턴과 자신을 끊임없이 비교하게 되는 정서적 스트레스
+ 정보의 압박: 알고리즘이 계속해서 보여주는 트렌드, 이슈, 경고, 분노를 따라가야 한다는 강박
+ 관계에 대한 부담: 끊임없이 메시지를 보내야 하고, 답장해야 하고, 존재감을 유지해야 한다는 무언의 의무감

24시간 이어지는 푸시 알림과 실시간 반응 구조는 주의력 분산과 집중력 저하에 속도를 붙였다. 끝없는 디지털 상호작용은 인간의 신경계를 과도하게 자극한다. 단절이 필요한 이유는 결국 회복 때문이다.

이러한 흐름 속에서 일부 사람들은 능동적으로 디지털 미니멀리즘을 선택하고 있다. SNS 앱을 주말에만 열거나, 스마트폰에서 SNS를 아예 삭제하거나, 접속하는 시간을 하루 1시간으로 정하거나, 종이책과 뉴스레터를 중심으로 정보 루틴을 바꾸는 식이다. 이런 시도는 단절 대신 선택적 연결을 추구하는 것이다. 디지털 공간이 삶의 일부가 아니라 아예 중심이 되는 주객전도 현상을 경계하는 움직임이다. 그 과정에서 덜 연결되어도 괜찮고, 남들 같지 않아도 된다는 새로운 정체성이 만들어진다. 특히 젊은 세대일수록 온라인 존재감에 대한 부담을 일찍 감지

하고, 스스로 해방되려는 태도를 보인다.

이 변화는 플랫폼에도 영향을 주고 있다. 기존 SNS 기업들도 사용자 이탈과 이용 시간 감소를 경험하면서 대응에 나서고 있다. 타임 리밋 알림 기능, 휴식 유도 알림 기능, 사용 시간 리포트 등이 대표적이다. 플랫폼은 여전히 연결을 원하지만, 사용자는 연결의 질을 원한다. 양적인 관계보다 질적인 연결이 강조되는 지금, 플랫폼은 다시 사용자 중심의 휴식과 회복 설계를 고민해야 한다.

SNS 피로감은 단순한 일이 아니다. 디지털 사회에 대한 집단적 피드백이며, 변화가 필요하다는 경고 신호다. 사람들은 이제 기술이 제공하는 연결이 모두 유익하다는 가정에서 벗어나, 어떤 연결이 내 삶에 의미 있고 지속가능한지를 묻고 있다. 이 흐름은 더 깊이 있는 관계, 내가 주도권을 잡을 수 있는 플랫폼, 그리고 인간성이 공존하는 디지털 생태계를 향한 첫걸음이 될 수 있을 것이다.

뇌가 녹는 콘텐츠?
단순한 콘텐츠의 범람은 왜 시작된 걸까?

'트랄랄레로 트랄라라'와 '퉁퉁퉁 사후르'를 아는가? 몰라도 괜찮다. 사실 몰라도 문제없는 것들이다. 2가지 다 밈이다. 인기를 얻었는데 딱히 의미는 없다. 괴상할 정도로 이상한 조합으로 만들어낸 캐릭터와 같은 콘텐츠다. 정말 기획 의도나 방향성이 없다. 그래서 이름도 이상하게 붙여진 것이다.

이런 콘텐츠나 캐릭터는 대부분 단순한 리듬을 활용하거나 특정 단어를 반복한다. 그러다 보니 분명 중독성이 있다. 나도 모르게 빨려 들어가지만, 아무리 생각해도 의미를 모른다. 그래서 일명 '뇌를 녹인다'라는 표현이 생기게 되었다. 이 표현은 의미 없는 콘텐츠, 즉 서사도 없고 논리도 없으며 맥락도 불분명한 짧은 영상이나 이미지 밈을 가리킨다. 예를 들면 다음과 같다.

+ 맥락 없이 반복되는 괴상한 춤과 비명
+ 고양이와 우주 배경, 이상한 음악이 섞인 짧은 영상
+ 의미 없는 자막이 반복되는 낮은 해상도의 영상
+ 무의미함 자체를 웃음의 요소로 삼는 영상

더 구체적인 사례는 많다. '뇌절'이라는 말을 들어봤을 것이다. 의미 없는 반복, 과장된 자막, 고의적 편집 오류로 구성된 짧은 영상 콘텐츠를 의미한다. 최근까지 유튜브 쇼츠, 릴스, 틱톡 같은 숏폼 플랫폼을 중심으로 확산되었다. 이 콘텐츠들은 말도 안 되는 조합, 혹은 내용 자체의 과장 등으로 이어지며 뉴미디어를 주름잡는 방향성 중 하나로 자리매김하고 있다.

Z세대와 알파세대 사이에서는 쓸데없는 선물도 유행한다. 말 그대로 받는 사람에게 전혀 쓸모가 없는 선물을 주는 것이다. 선물이란 것은 의미가 있어야 하는데 이렇게까지 해야 하나 싶지만, 쓸데없는 선물은

의미가 없는 게 중점이라 상관없다.

해외 Z세대 사이에는 '슬러지 콘텐츠'가 인기를 얻고 있다. 정신없이 빠른 편집과 괴상한 음향을 결합한 영상들이다. 이런 상황을 활용한 뉴스 콘텐츠도 있다. TV 포맷을 패러디해 만든 무의미한 뉴스, 혹은 논리 파괴 인터뷰 형식 등이다. 이런 콘텐츠는 기획 의도보다 리듬과 혼란을 중심으로 설계된다.

지금까지 언급한 다양한 현상과 콘텐츠는 특히 10~20대 사용자들 사이에서 인기가 좋다. 이해할 필요 없는 콘텐츠로 불리며 사랑받는다. 도대체 왜 이런 콘텐츠에 반응하는 걸까?

우리는 하루 수천 개의 정보를 소비한다. 일, 뉴스, 인플레이션, 기후 위기, 전쟁 등 진지하고 복잡한 주제가 주변에 널려 있다. 이런 와중에 아무 의미 없는 밈은 정보가 아니라 잠깐의 일탈처럼 지나간다. 뇌는 이 일탈 속에서 잠시 멈추고 쉰다. 해석할 필요가 전혀 없고, 복잡한 현실 때문에 뜨거워진 뇌를 쓰지 않아도 괜찮다. 일종의 인지적 휴식이자, 현실로부터의 일시적 도피.

비일상적 조합이 주는 쾌감도 무시하기 어렵다. 의미 없는 콘텐츠의 대부분은 예상하지 않았던 조합으로 구성된다. 이 조합은 기존의 서사, 기획 의도, 편집법 등의 틀을 해체한다. 무질서이자 의도적인 난잡함인데, 기존 콘텐츠 제작 방식에도 의문을 던진다. 이 과정에서 우리는 예측 불가능함이 주는 쾌감을 경험한다.

별다른 의미가 없어 혼자 소비하고 끝날 것 같지만, 놀랍게도 뇌를 녹이는 콘텐츠들은 집단적 커뮤니케이션 도구로 작동한다.

"이거 봤어?"

"도대체 무슨 뜻이야?"

"몰라. 나도 그냥 보는 거야."

해석이 안 되기 때문에 공통된 혼란을 공유하게 되고, 이 공유가 소통의 재료로 활용된다. 일종의 반(反)엘리트 커뮤니케이션이다. 우리가 옳다고 생각했던 커뮤니케이션의 구조와 정반대의 성향을 드러내기 때문이다. 우리는 의미가 있어야 소통할 수 있다고 믿었다. 하지만 의미를 소비하지 않고도 관계를 맺을 수 있는 새로운 방식이 등장했다.

그렇다면 이런 콘텐츠는 어떤 방식으로 우리 일상에 스며들고 있을까? 도파민 중독과 같은 짧은 자극이 대표적이다. 짧은 영상 콘텐츠는 도파민 분비를 자극한다. 특히 무의미한 콘텐츠는 뇌가 예측을 포기하도록 만들어 더 큰 반응을 유도한다. 예측 불가한 자극은 중독적이다. 무작위 슬롯머신처럼 기대와 실망을 반복시키며 끌어당긴다.

의미 있는 정보를 많이 접할수록 우리는 오히려 무력감을 느꼈다. 정치, 환경, 정의와 같은 중요한 가치들은 우리가 꼭 알아야 하는 정보다. 하지만 한편으로는 이런 가치를 위해 할 수 있는 일들이 제한되어 있다는 걸 느낀다. 그래서 무력감을 경험한다. 이럴수록 아무것도 하지 않아도 되는 콘텐츠에 매력을 느낀다.

무의미한 밈은 아무 행동도 요구하지 않는다. 행동도, 고민도, 책임도 잠시 내려놓을 수 있다. 책임에 대한 역설과, 사회 구성원으로 느끼는 무력감이 뇌가 녹는 콘텐츠에 불을 붙이고 있다.

물론 뇌가 녹는 콘텐츠들이 긍정적인 효과를 가져오는 건 아니다. 하지만 2026년을 살아가는 우리는 계속 뇌가 녹는 트렌드에 반응할 수밖에 없을 것이다. 지식 콘텐츠는 우리 삶을 늘 의미 있게 만들어줄 수 있을까? 의미 없는 콘텐츠의 유행은 과도한 정보화에 대한 반작용일 수 있다. 너무 많은 지식, 논리, 정답이 쏟아지는 사회 속에서 우리는 가벼움과 무의미함을 찾는다. 지식 피로, 논리 피로에 대한 집단적 반응이다.

MZ세대와 알파세대는 일명 밈 세대다. 밈 세대는 재미와 공감을 통해 의미를 구성한다. 재미를 찾아 헤매는 펀슈머 성향을 나타내는 이유다. 기성세대가 이해하지 못하는 밈일수록 그들만의 유대는 더 강해진다. 뇌가 녹는 콘텐츠는 의미가 없지만, 문화적으로는 의미 있는 도구다.

게다가 이제 콘텐츠는 진지하게 소비하는 것이기보다는 통과하는 것이라는 인식이 강하다. 스크롤 기반의 UI, 그리고 추천이 이어지는 자동 재생 구조는 리듬과 반복성을 중요하게 만든다. 깊은 의미보다 반응할 만한 요소의 존재가 콘텐츠 소비의 기준이 되었다. 이런 다양한 트렌드가 존재하는 한 뇌가 녹는 콘텐츠들은 힘을 잃지 않을 것이다.

의미 없는 콘텐츠의 범람은 현대인의 심리와 디지털 생태계의 구조를 고스란히 반영한다. 이는 단순한 퇴보나 타락이 아니라 디지털 시대의 새로운 생존 방식이다. 웃기지도 않는데 웃긴 이유는, 의미가 없기에 해석할 부담이 없기 때문이다. 그 안에서 우리는 짧은 쉼을 얻고, 새로운 문화적 정체성을 확인한다. 또한 의미 없는 콘텐츠 안에서 우리만의 해석을 찾으며 집단적 현상으로 공유를 시도한다. 의미로 가득 찬 시대에서 오히려 '의미 없음'으로 소소한 해방을 찾는 중이다.

기후는 새로운 전략,
탄소 가치를 읽는 기술

인간은 자연과 경쟁해왔다. 자연이 가져오는 한계를 극복하고 개척하며 문명의 토대를 일궜다. 물과, 숲 그리고 토지는 인간만의 것이 아니었다. 하지만 인간은 마치 자연의 소유자라도 된 듯 주도권을 행사했다. 그러나 지금 우리는 경쟁의 종착지에 서 있다. 기후는 더 이상 자연의 흐름이 아니다. 기후는 정치이며 경제고, 무엇보다 협상의 주제가 되었다. 인간과 자연은 이제 생존을 담보로 협상하고 있으며, 이 협상을 나타내는 도구로 탄소가 등장했다.

2026년 우리는 '탄소 가치'라는 개념에 익숙해져야 한다. 탄소 가치가 어떻게 전 지구적 시장을 재편하고 있는지, 기후가 경제를 넘어 인간 삶의 양식 전체에 어떤 방식으로 개입하고 있는지를 생각해야 한다. 한철 지나면 사라지는 트렌드의 표면적 흐름이 아니라 긴 시간에 걸쳐 누적된 변화를 포착하는 것이 중요하다. 이 변화가 우리의 삶과 사회, 그리고 기업의 행보까지 바꿀 수 있는 거대한 메시지를 던지기 때문이다.

기후 위기는 갑작스러운 사건이 아니다. 인류는 이미 수십 년 전부터 기후변화를 지켜보고 있었다. 문제는 현실로 다가온 순간부터 시작되었다. 불볕더위와 찜통더위, 사라지는 사계절, 극한 호우는 더 이상 먼 지역에 관한 뉴스에 나올 소재가 아니다. 재해를 일으키는 직접적인 요인이 되어 우리를 위협한다. 2020년대 중반에 들어서며 기후 문제는 '환경'이라는 단어에 다 담을 수 없는 정치적 현실로 변모했다. IMF는 이미 기후변화에 대해 다양한 목소리를 내고 있으며, 각종 기관은 국가를 판단하는 기준에 기후 안정성을 고려하고 있다. 이는 기후 대응 역량이 국가의 경제 가치를 결정짓는 지표가 되었음을 뜻한다. 전쟁보다 강력한 리스크가 된 기후는 이제 각국 정부, 기업, 시민 모두가 행동하게 만든다. 생존이 걸린 긴박한 문제이기 때문이다.

탄소 가치라는 단어는 불과 몇 년 전까지만 해도 산업계 일부에서나 사용되던 전문 용어다. 하지만 2020년대 중반 이후 글로벌 공급망의 구조를 이해하는 핵심 키워드가 되었다. 탄소 가치는 단순히 탄소 배출량을 뜻하는 것이 아니라 다음과 같은 복합적 구조를 가진다.

첫째, 특정 생산 활동이 발생시키는 탄소량의 총합
둘째, 이 탄소량을 줄이기 위해 투입된 기술, 비용, 시간
셋째, 해당 기술이 환경 관련 인증 및 국제 협약에 부합하는지 여부
넷째, 위에 언급한 3가지 정보가 시장에서 가치로 환산될 수 있는지에 대한 판단

탄소가 단위당 얼마의 가치를 가지느냐에 따라 동일한 제품이 유럽에서는 거부당하고 아시아에서는 통과될 수도 있다. 가령 한 의류 브랜드가 티셔츠를 생산한다고 가정해보자. 제품 자체는 세계 어디에서나 똑같다. 하지만 생산 과정의 탄소 배출량이 높은 공장에서 만들어졌다면 EU의 탄소국경조정제도(Carbon Border Adjustment Mechanism, CBAM)에 따라 높은 관세가 부과된다. 반면 저탄소 인증을 받은 공장에서 생산된 제품은 세제 혜택을 받을 수 있다. 즉, 탄소는 새로운 관세이자, 디지털 이후 가장 결정적인 무형자산으로 진화하고 있다.

탄소가 자산으로 기능하게 되면서 각국의 정치적 협상력도 달라졌다. 기존에는 자원, 군사력, GDP가 외교력의 척도였다. 이제는 기후 이행력, 탄소 중립 로드맵, 탄소 배출권 확보 규모가 새로운 외교 통화로 추가되었다.

2022년 유엔기후변화협약 당사국총회(COP27)에서 가장 큰 쟁점은 '손실과 피해(Loss & Damage)' 기금이었다. 기후변화로 피해를 입은 개발도상국이 선진국으로부터 보상받을 수 있는 구조를 의미한다. 선진국은 역사적으로 탄소를 많이 배출해온 책임이 있다는 이유로 기후정의의 이름 아래 금전적 의무를 부담하게 되었다.

중요한 것은 이 논의가 앞으로 국제 원조의 프레임을 완전히 뒤바꿀 수 있다는 점이다. '원조'라는 이름으로 불리는 단순한 도움이 아니다. '부채'처럼 상환의 의미를 띠기 때문이다. 이런 논리 아래에서 기후는 더 이상 환경보호의 필요성을 역설하는 소재가 아니다. 정치 심장부에 놓인 셈법의 문제가 된다.

다가온 위협에 대한 현실 인식이 부족했던 초창기 ESG(Environment, Social, Governance) 경영은 윤리적 이미지 강화에 가까웠다. 환경을 생각하는 척, 책임 경영을 표방하는 척하는 일종의 마케팅이었다. 그러나 2024년 EU의 기업 지속가능성 보고 지침(CSRD)이 시행되면서 판이 달라졌다. 이제 ESG는 마케팅이 아니라 회계 기준이 되었다. 각 기업은 자사 제품이 생산, 유통, 폐기되는 모든 과정에서 발생하는 Scope 1·2·3의 탄소 배출량을 측정하고 보고해야 한다.

Scope 1: 직접 배출(예: 공장 연료)
Scope 2: 간접 배출(예: 전기 사용)
Scope 3: 공급망 전체, 기업 활동과 연관된 모든 가치 사슬에서 발생한 간접적 배출(예: 납품 업체의 배출)

특히 Scope 3은 기업 활동과 연관된 모든 간접적 배출까지 포함하기 때문에, 한 기업이 협력사를 어떻게 관리하는지도 ESG 실천의 핵심이 된다. 이로 인해 중소기업도 대기업 공급망에 포함되기 위해서는 자발적으로 탄소 감축 기술을 도입해야 한다. 탄소에 대한 책임감을 생각하지 않는다면 계약 자체가 해지될 수 있기 때문이다. 즉, ESG는 기업의 전반적인 운영을 나타내는 핵심 지표가 되었다.

따라서 2026년을 맞이하는 기업과 기관은 ESG에 대해 좀 더 깊이 고민할 필요가 있다. 그린워싱(친환경을 실천하는 대신 강조만 하는 방식으로 기업 이미지를 긍정적으로 포장하는 일)을 넘어선 스토리텔링을 생각해야 한다. 기업과 기관의 스토리는 일회성 실천과 '말'로만 만들어지는 게 아니다. 체계적인 행동과 노력이 뒤따라야 대중이 공감하는 포인트가 만들어진다.

실제로 전력, 철강, 시멘트 등 에너지 다소비 업종 외에 반도체, 바이오 업계에도 Scope 3 기준의 탄소 회계가 적용되기 시작했다. 삼성전자, SK하이닉스는 실시간 모니터링 시스템을 도입했고, 자체 감축 기술을 수출 산업의 무기로 전환하고 있다. 또한 많은 기업이 ESG 보고서를 정기적으로 발간 중이다. 과거에는 다소 표면적인 사항들을 담는 경우가 많았으나, 지금은 각자의 위치에서 실행할 수 있는 전략을 적극적으로 실천하며 ESG의 의미를 구현하는 데 주력하고 있다.

우리는 그간 깨끗한 에너지 혹은 대체 에너지가 새로운 산업이라고 배웠다. 태양열, 수소, 풍력 등이 청정한 미래를 이끌 것이라고 믿었다. 하지만 실상은 그리 간단하지 않다. 새로운 에너지 역시 또 다른 형태의 환경 비용을 내포하고 있다.

탄소 가치를 중심으로 한 신산업이 진짜 기후 위기를 완화할 수 있는가에 대한 근본적 회의론도 제기되고 있다. 일부 사람들은 탄소 가치와 관련한 신산업을 기후 금융화라고 부르기도 한다. 기후를 구실 삼아 새로운 금융 상품과 투자 수단을 창출하는 것에 불과하다는 비판이다. 이처럼 탄소 가치는 복잡한 이해관계가 얽혀 있다. 단순히 환경보호라는 말로 설명하긴 어렵다.

그렇다면 우리는 무엇을 기준으로 삼아야 하는가? 우리가 마시는 커피, 입는 옷, 그리고 매일 사용하는 각종 제품 모두에 탄소가 찍혀 있다. 어떤 선택은 100g의 탄소를 더 배출하게 만들고, 또 다른 선택은 100g의 탄소를 줄이게 한다. 그 수치는 이제 단순한 정보가 아니라, 실시간으로 가격과 소비자 평판을 결정짓는 지표로 작용한다.

실제로 프랑스와 독일에서는 제품 라벨에 탄소 배출량을 표기하는 탄소 영양성분표 제도가 확산 중이다. 일본의 한 편의점 체인은 상품의 탄소 라벨을 기준으로 할인율을 적용하는 실험을 시작했다. 한국에서도 친환경 배송을 선택한 소비자에게 마일리지를 부여하는 이커머스가 늘어나고 있다. 대중의 참여를 유도하며 생활과 트렌드의 기준으로 삼으려는 시도가 곳곳에서 이어진다.

최근 자동차 기업들은 지방자치단체와 손잡고 에코마일리지 서비스의 접근성을 개선하고 있다. 에코마일리지는 시민들이 자발적으로 에너지를 아끼거나 온실가스를 줄인 만큼 마일리지 형태로 인센티브를 제공하는 제도다. 적립된 마일리지는 상품으로 교환하거나 지방세 납부에 활용할 수 있다.

과거에는 승용차로 에코마일리지를 쌓으려면 직접 계기판을 촬영해야 하는 등 불편한 점이 있었다. 하지만 최근에는 어플리케이션을 통해 접근성이 개선되었고, 탄소 가치 강조에 공감하는 대중이 늘며 새로운 기회를 맞이했다.

앞으로 이런 사례는 더 많아질 것이다. 대중이 편리하게 가치에 공감하고 혜택까지 누릴 수 있는 환경이 조성된다면 긍정적 행동도 이어질 것이다.

우리는 지금 기후와 협상 중이다. 협상의 대상은 눈앞의 자연이 아니다. 우리가 살아온 시간, 정치, 경제, 문화, 소비 그리고 트렌드다. 탄소 가치가 단지 기업과 정부의 언어로 남지 않으려면 개인의 삶에서 실

자동차 기업들은 에코마일리지 접근성을 높이고 있다. (출처: 현대자동차)

질적인 판단의 기준으로 자리 잡아야 한다. 기후 위기의 시대를 살아간다는 것은 단순히 기후를 걱정하는 것이 아니라, 기후를 중심에 둔 사고 체계를 받아들이는 일이다. 탄소라는 새로운 흐름 앞에서 우리는 무엇을 남기고 또 무엇을 포기할 것인가? 이 질문에 대한 해답은 2026년을 살아가는 우리가 내려야 한다.

CONSUMPTION

중심 상권보다
좋은 그곳,
'로컬'의 재발견

TRENDS +−

기업들이 '지역'과 협업해
제품을 내는 이유

누구나 인정하는 중심 상권이 있다. 사람이 모이고, 다양한 상점이 이들을 맞이한다. '핫플레이스(이하 핫플)'라고 불리며 사람들을 불러 모으는 곳들이다.

그런데 어느 순간 핫플들이 비슷해지기 시작했다. 특별한 정체성보다 자본의 논리를 따른 탓이다. 새로운 경험은 할 수 없었고, 중심 상권은 어디를 가도 똑같았다. 마치 복사해서 붙여 넣은 듯 비슷한 업체들이 자리를 잡았다. 사람들은 지루함을 느꼈다. 자연스레 대안을 찾기 시작했고, 중심 상권을 벗어난 공간에서 새로운 활력을 찾았다. 움직임에는 제한이 없었다. 발이 닿을 수 있는 곳이라면 어디든 좋았다. 그래서 '로코노미'라는 말이 생겨났다.

로코노미란 지역을 뜻하는 영어 단어 'local'과 경제를 뜻하는 영어 단어 'economy'의 합성어다. 지역 경제라고 해석해도 좋다. 하지만 사회적 흐름이나 장기적 정책을 통해 찾는 큰 개념의 지역 경제는 아니다. 대신 사람들이 소비하는 움직임에 주목한다. 로코노미는 지역 상권을 발견하고, 이 상권에서 소비를 위해 벌이는 모든 행동을 뜻하는 트렌드 용어다. 기업이나 브랜드 측면에서 본다면 새로운 행보를 위한 아이디어를 지역에서 찾는 일을 말한다.

시작은 2020년대 중반으로 거슬러 올라간다. 2020년대 중반부터 지역은 단순한 지리적 범주를 넘어 하나의 브랜드 혹은 정체성으로 인식되기 시작했다. 특산물 홍보가 다양해졌고, 지역 키워드를 찾아 축제를 만드는 곳도 많아졌다. 잘 모르고 지나쳤을 이벤트도 많지만, 이런 행보들이 로코노미의 태동이라고 할 수 있다.

그러다 코로나19로 인한 팬데믹 상황이 발생했다. 먼 지역까지 방문하긴 어려워졌지만, 사람들은 좁은 행동반경 안에서 새로운 소비처를 찾았다. 대부분 자신이 사는 지역의 숨겨진 핫플을 찾는 일에 즐거움을 느꼈는데, SNS에 이를 공유하며 콘텐츠를 쏟아냈다.

팬데믹 이후에는 관심사를 따라 어디든 달려가고 오픈런을 마다하지 않는 문화가 생겨나며 로코노미가 완전히 자리를 잡았다. 사는 곳 근처의 핫플도 좋고, 시간을 투자해 방문해야 하는 원거리 핫플도 좋다. 발견의 미학만 존재한다면 로코노미 트렌드는 거리 제한이 없다.

예를 들면 이렇다. 대전에는 유명한 빵집이 있다. 빵을 사기 위해 아침 일찍 길을 나서 대전으로 향한다. 오픈런에 성공해 빵을 인증하고, 구매한 빵을 가지고 돌아왔다고 가정해보자. 과연 이 사례에서 사람들이 주목하는 건 '빵' 뿐일까? 아니다. 빵을 어디서 샀는지, 혹은 어떤 빵이 맛있는지 궁금할 것이다. 이렇게 작은 소비 하나도 지역 키워드와 결합되면 다양한 이슈를 만들어낼 수 있다. 이게 바로 로코노미의 매력이다.

기업들도 지역과 협업해 제품을 만든다. 이 현상은 갈수록 뚜렷해지고 있다. 단순한 신선도나 원산지 강조가 아니다. 브랜드의 스토리텔링 강화, 소비자 감성 전략의 일환으로서 큰 의미를 가진다. 이 부분은 이어지는 파트에서 자세히 설명하겠다.

오뚜기는 로코노미를 차세대 성장 동력으로 생각하고 있다.(출처: 오뚜기)

　오뚜기는 로코노미 관련 제품을 다양하게 출시하고 있다. 차세대 성장 동력으로 로코노미 제품을 생각하고 있다는 이야기도 들린다. 오뚜기가 선보인 즉석밥 제품 '수향미 현미밥'은 화성시에서 생산되는 쌀 품종을 활용했다. '부산식 기장미역국'은 부드러운 부산 기장미역을 활용했다. '산청식 우렁된장국'은 청정 지역으로 알려진 지리산 산청에서 엄선한 우렁이를 넣어 쫄깃한 식감과 고소한 맛을 살렸다. 포항 죽장면 상사리 마을 주민이 직접 만드는 장 브랜드인 '죽장연'과 손잡고 주민들이 만든 빠개장을 활용해 깔끔하고 깊은 맛이 일품인 '빠개장된장국'도 선보였다.
　간편식에도 로코노미를 적용했다. 제주에서 자란 유채, 당근, 무 등을 활용한 만두를 내놨고, 지역 상생을 도모하기 위해 지역 기관과 협약을 체결했다. 매우 적극적인 움직임을 보이고 있는데, 제품 다양화를 통

그냥 롤케이크가 아니다. 지역을 담은 롤케이크다. (출처: SSG닷컴)

해 취향 소비 트렌드 적용까지 진행하고 있다.

SSG닷컴도 지역 키워드를 잘 활용했다. 롤케이크와 단호박스프를 출시할 때도 그냥 넘어가지 않았다. 문경 특산품 사과로 만들어 로코노미에 적용했다. 경북 문경은 풍부한 일조량, 다른 지역보다 큰 일교차 때문에 사과 재배에 최적화된 지리적·기후적 특성을 가졌다. 그래서 고품질·고당도 생산지로 유명하다. 단순 롤케이크와 단호박스프는 사람들 대부분이 이미 잘 알고 있는 제품이다. SSG닷컴은 여기에 지역 특색을 더해 색다른 제품을 만들었다. 새로운 느낌이 드니 고객의 적극적인 접근이 이어질 수 있다.

해외에서도 로코노미 개념을 발견할 수 있다. 프랑스 루이비통은 남프랑스의 가죽 장인 마을과 협업해 한정판 가방을 제작하고, 해당 지역의 전통 제작 공정을 스토리텔링의 핵심으로 활용했다. 일본 이세탄은 '오키나와 장인전'을 통해 로컬 공예의 현대적 재해석을 시도했으며, 소비자가 장인과 직접 대면해 교류하는 구조로 차별화를 꾀하기도 했다.

지역 협업은 ESG 및 지속가능성 이슈와도 맞닿아 있다. 공급망의 투명성, 생산지와의 상생, 로컬 경제 순환은 오늘날 브랜드 신뢰도에 직결되는 요소다. 단순한 기업의 사회적 책임(CSR)이 아니라 비즈니스의 핵심 가치로 지역을 활용하고 있다. 이는 고객 충성도, 사회적 평판 등 다방면에서 긍정적인 효과를 낳는다. 지역 입장에서도 마찬가지다. 지역 브랜딩을 강화하고 새로운 공급처를 확보하는 좋은 기회다. ESG 경영이라는 말이 다소 거창하게 느껴질 수 있으나, 각자의 역할을 충실하게 수행하는 지역 브랜딩은 자체로 사회적 가치를 가진다.

특히 상생에 대한 인식은 이미 유통가에 퍼져 있다. 다양한 제품 활용을 통해 상생의 의미를 말한다. 이마트24가 선보였던 로코노미 도시락은 QR 코드가 있다. 지역 관광 명소 영상을 볼 수 있는 QR 코드다. 지역 홍보 효과까지 노린 영리한 기획이다. 단순히 제품 재료만 챙기는 게 아니라 더 많은 가치를 챙길 수 있다는 걸 보여준 좋은 사례다. 앞으로 다양한 기술을 통해 더 색다른 접근이 이뤄질 것으로 보인다.

상생의 의미는 이미 유통가에 퍼져 있다.
(출처: 이마트24)

트렌드 측면에서 보았을 때 팬데믹 이후 나타난 지역 회귀 흐름도 중요한 배경이다. 거리 두기와 이동 제한은 사람들로 하여금 자신이 속한 지역의 의미를 재발견하게 만들었다. 동시에 디지털 네트워크의 확장은 특정 장소와 가치를 결합할 수 있게 만들었다. 일명 '디지털 로컬' 현상이다. 지역에 기반한 콘텐츠가 전 세계로 퍼질 수 있는 플랫폼이 확보됐다. 지역 생산자는 직접 브랜딩에 참여한다. 이렇게 소위 '소통 창구'가 명확하게 생기니 브랜드가 로컬 감성을 빌려 사용하는 구조가 자연스러워졌다. 앞서 언급한 자신의 지역에서 핫플을 찾고 인증하는 행위가 이 소통 구조의 일부에 해당한다.

과거의 우리는 핫플을 찾기 위해 번화가로 나갔다. 사람 많은 곳에서 부대끼며 핫플을 경험하고 소비했다. 물론 번화가의 존재감이 현재 아예 사라진 건 아니다. 하지만 근처에서 핫플을 발견하면 더 좋다. 이동에 소요되는 시간과 에너지는 줄고 소비 만족감은 커지기 때문이다. 편하게 경험할 수 있는 핫플 개념은 지역 회귀 흐름의 핵심이라고 할 수 있다.

이러한 흐름은 단순한 마케팅을 넘어 지역 경제와의 상생, 소비자와의 신뢰 구축, 그리고 무엇보다 브랜드의 윤리적 소비 이미지 확보라는 다층적인 효과를 노린다. 기업은 어디서 만들었는지를 강조한다. 단순히 생산지를 알려주는 정보가 아니다. 제품에 담긴 철학과 태도를 알려주고 싶어 한다. 나아가 로컬 협업은 기업 내부의 혁신 촉진에도 영향을 준다. 내부 개발 인력이 로컬 장인의 기술이나 전통을 체험하며 제품 기획에 새로운 관점을 접할 수 있고, 로컬 파트너는 기업을 통해 확장성을 경험하면서 서로의 역량이 보완된다. 로컬 협업은 양자에게 비즈니스 이상의 의미를 제공하는 관계가 될 수 있다.

결국 기업이 지역과 협업하는 이유는 시장의 선택을 받기 위해서다. 하지만 동시에 브랜드의 미래 생존 전략을 위한 의도도 한몫을 한다. 더 이상 지역성은 배타적인 가치가 아니다. 세계로 연결될 수 있는 통로가 있고 지역 콘텐츠를 생산할 수 있는 상황이다. 기업은 더 이상 대량생산을 통한 똑같은 제품만으로는 소비자의 마음을 움직일 수 없다. 오히려 작은 이야기, 구체적인 장소, 그리고 지역만이 가진 독특한 정체성이 브랜드를 살린다.

지루함을 이겨내는 해답, 지역에서 찾다

우리 주변에는 편하게 갈 수 있는 장소가 많다. 화려하고 다양한 경험을 제공하는 장소도 도처에 있다. 원한다면 오늘 당장 가볼 수도 있다. 하지만 아이러니하게도 많은 사람이 지역에서 해답을 찾는다. 과잉 정보와 상품의 홍수 속에서 예측 가능한 정답은 매력적이지 않다. 어떤 정답은 다소 낯설고 불완전할 수 있다. 하지만 기존과 다른 모습을 보인다면 그것을 선택한다.

지역은 다름의 가치를 가장 자연스럽게 품고 있는 공간이다. 각 지역은 고유한 역사와 지리, 문화, 생산 방식을 바탕으로 독자적인 해석과 감각을 형성했다. 이 고유한 맥락은 표준화된 도시 문화와는 다른 특별한 스토리텔링의 자원이 된다. 바로 이 지점이 새로운 해답을 찾고자 하는 이들을 강하게 이끈다.

지역은 대도시와 다른 리듬과 감각을 제공한다. 대도시는 빠르고 즉각적인 반응 중심이어서 맥락이 없는 부분도 많다. 도시의 시간은 속도 중심으로 정렬되어 있고, 효율성과 생산성이 모든 판단의 기준이다. 반응 속도와 트렌드 감지 능력이 생존 조건이 된다.

반면 지역은 느리고, 경험 중심이며, 맥락이 있다. 지역의 시간은 계절 순환, 공동체의 주기, 전통과 기억의 반복에 기반한다. 이러한 감각의 차이는 단순히 물리적 공간의 차이를 넘어 삶을 인식하는 방식과 가치 체계의 차이로 연결된다. 그래서 지역에서 만나는 경험은 늘 새로울 수밖에 없다.

시간 감각의 차이는 디지털 트렌드와도 긴밀하게 연결된다. 도시는 실시간 정보와 알고리즘 중심의 추천 시스템, 초 단위 반응 속도를 요구하는 디지털 문화의 최전선이다. 와이파이 없는 곳을 찾기 힘들고, 주변 사람들은 대부분 스마트폰을 바라보고 있다. MZ세대와 알파세대는 일상의 디지털 과잉과 감각적 피로 속에서 대안을 갈망한다. 지역은 디지털 트렌드의 반작용이다. 지역은 비효율적이지만 정서적으로 풍부하고, 즉각적이지 않지만 기억에 오래 남는 경험을 제공한다. 강한 자극과 함께 사라지는 숏폼과 같은 세상이 아니라는 것이다.

이런 강점 때문에 일이 더 잘되는 걸까? 워케이션은 로코노미를 만나 확실한 트렌드가 되었다. 기업도 워케이션을 장려하고, 지역은 워케이션을 지원하기 위해 다양한 아이디어를 발휘하고 있다. 워케이션 센터까지 개소한 지역도 많다. 기관 차원에서 워케이션을 통해 지역의

워케이션이 트렌드로 자리한 것도 로코노미의 영향이다.

강점을 알리고자 하는 것이다.

익숙한 업무 공간은 빠른 속도를 기반으로 한다. 반면 지역은 도시에 비해 다소 느리지만 휴식과의 결합을 통해 창의력을 발휘할 수 있는 업무 환경을 제공한다. 로코노미 트렌드와 맞물려 워케이션은 지속적으로 확장할 것으로 예상된다.

도시와 지역의 감각 차이는 또한 정체성 이슈와도 연결된다. 빠른 정보 소비 속에서는 개인이 자아에 관해 알아갈 충분한 시간과 서사가 부족하다. 이는 피상적인 자기표현으로 귀결되곤 한다. 그래서 일하고는 있지만 도통 의미를 모르겠다는 사람들이 자꾸 생겨난다. 반면 지역은 개인이 자신의 정체성을 탐색하고 구축할 수 있는 공간을 제공한다. 지역이 자신을 알아가는 거울을 제공하는 것이다. 이 거울은 단지 누군가의 얼굴을 반사하는 게 아니라 달라진 시야와 관점을 만든다. 지역이라는 느린 맥락이 자신만의 이야기를 만드는 여력을 제공한다. 말하자면 트렌드에 대한 반작용이다. 디지털에 지친 사람들은 아날로그를 찾았다. 영상에 지친 사람들은 다시 글쓰기에 집중한다.

이렇게 기존 흐름을 거부하고 반대의 방향성을 찾는 것이 일반적 현상이 되었다. 즉각적 반응과 빠른 연결 속도가 일반적 트렌드였다면, 깊은 생각과 거리 두기의 미학이 새롭게 부상했다. 지역은 이런 반작용 트렌드의 중심축이다. 속도의 세계에서 진정한 의미를 찾고자 하는 사람들에게 독자적인 경험의 무대를 제공한다. 정답을 향한 경쟁보다는 각자의 해답을 만들어가는 정서적 실험실로서 지역은 점점 더 중요한 역할을 수행하고 있다.

이러한 맥락에서 지역은 일시적인 유행이 아니다. 심리적·문화적·철학적 갈증에 대한 응답이다. 지역은 더 이상 과거를 보존하는 공간이 아니다. 앞으로 자신을 말해줄 감각과 정체성을 다듬고 확장해나가는 창의적 플랫폼에 가깝다.

한국맥도날드는 2021년부터 '한국의 맛' 시리즈를 출시하고 있다. 한국의 맛은 지역 소싱 프로젝트다. 고품질의 국내산 식재료를 활용한 신메뉴를 출시해 고객들에게 맛있는 메뉴를 제공하고 지역 경제에는 활력을 불어넣는다는 취지로 시작됐다. 창녕갈릭버거, 보성녹돈버거, 진도대파크림크로켓버거, 진주고추크림치즈버거 등 다양한 제품이 나왔다. 패스트푸드는 말 그대로 빠른 속도를 자랑한다. 느림과는 거리가 멀다. 하지만 지역의 고품질 식재료를 사용했다는 사실은 기존 제품보다 더 좋은 퀄리티를 기대하게 만드는 요소가 된다. 현지 농민들이 등

알고 보면 맥도날드는 로코노미의 선두주자다. (출처: 한국맥도날드)

장한 광고도 빠른 속도보다는 지역 자체의 정체성을 강조한다. 실제로 느린 속도의 음식은 아니지만, 패스트푸드의 전형적 이미지를 탈피한 것이다.

취향에 따른 해답, 각자의 '핫플' 만들기

핫플레이스의 개념도 진화하고 있다. 과거에는 사람들이 흔히 알려진 번화가를 찾았다. 뉴미디어가 보편화된 이후에는 블로그나 SNS에서 유명해진 공간을 방문했다. 하지만 지금은 '나만의 핫플'을 찾아가려는 욕구가 강하다. 많은 사람이 인증한 곳보다 내 취향에 맞는 곳을 선호하는 소비 트렌드가 퍼지고 있다.

이 흐름은 특히 잘파세대 사이에서 뚜렷하다. 이미 예견되었던 일이다. 잘파세대는 자신의 취향을 잘 이해하며 성장했다. 부모를 따라 하는 소비 대신 자신만의 소비 패턴을 만들어온 세대다. 뉴미디어에 있는 핫플 정보는 일종의 타인 취향이다. 굳이 따라가야 할 필요성을 느끼지 못하는 것이다. 그래서 브랜드도 인디(독립적인 운영을 기반으로 한 중소 브랜드)를 더 주목한다. 모두가 잘 아는 브랜드도 나쁘지 않지만, 나만의 취향을 담은 브랜드를 발굴하고 소비한다. 핫플레이스의 개념이 진화하는 것 역시 이런 경향을 그대로 담아냈다고 볼 수 있다.

지역 개념과는 다른 이야기지만, 이해를 돕기 위해 대표적인 예로 향수 시장을 보자. 브랜드의 존재감이 가장 뚜렷했던 시장이다. 유명 브랜드가 압도적으로 존재감을 드러내며 시장을 장악했다. 대부분 이름만 들어도 알 법한 브랜드들이다.

하지만 2026년의 트렌드는 다르다. 각자의 이야기로 승부하는 인디 브랜드들이 두각을 드러내고 있다. 가까운 올리브영에 가서 향수 코너를 보라. 그간 들어보지 못한 브랜드가 곳곳에 자리하고 있을 것이다. 시향으로 자신의 취향을 실험하고, 가장 맘에 드는 향을 고른다. 이 소비 과정에서 브랜드 파워는 미미하게 작용한다. 소비 흐름의 변화는 향수 시장도 바꿨고, 핫플레이스의 개념도 바꿔놓았다. 잘파세대는 지독하게 취향에 몰입하는 성향으로 트렌드를 새롭게 정의하는 중이다.

이러한 맥락에서 지역은 무한한 가능성을 품는다. 지역은 대체로 느리고, 작고, 제한적이다. 하지만 이 특성이 오히려 차별화된 경험을 원하는 사람들에게 매력으로 작용한다. 예를 들면 은퇴한 예술가가 특정 지역 골목길에 차린 편집숍 겸 카페가 인기를 얻는 식이다. 화려함보

브랜드 존재감만으로 향수를 사던 시대는 끝났다.

다는 정체성이 뚜렷한 장소로 소비자들에게 각인되고, 분위기에 공감하는 사람들이 찾아간다.

로코노미 흐름을 돕는 외부 요소도 많다. 첫 번째는 기술이다. 특히 AI 발전이 큰 역할을 한다. AI 여행 앱을 이용하면 지역의 숨은 장소를 탐색할 수 있다. 여행 코스도 추천받는다. 다행스럽게도 AI는 우리가 알고 있는 장소가 아니라 사용자의 질문 의도에 따라 맞춤형 대답을 내놓는다. 로코노미 트렌드에 따라 움직이기 쉬워진 시대가 된 것이다.

AI는 개인화 시대에 맞는 해답이다. 이 해답이 로코노미 개념에도 손쉽게 적용되고 있다. 이미 네이버는 블로그, 그리고 네이버 플레이스 등록 정보를 기반으로 여행 관련 정보에 답한다. 각종 여행 관련 어플들은 AI 적용을 마치고 고도화하고 있으며, 단순한 여행 정보를 표출하던 과거의 방식을 벗어났다. 챗GPT 등 생성형 AI들 역시 여행 코스를 짜고 소통하는 높은 수준의 적용력을 보인다.

예전 같으면 혼자 끙끙대며 찾았어야 할 정보를 단 몇 초 만에 처리할 수 있다. 로코노미를 추구하지 않을 이유가 없다. 나만의 취향, 그리고 나만의 생각에 따라 다양한 장소를 발견한다. 자신의 취향에 맞으니 더 즐거워 각종 콘텐츠를 생산한다. 이 콘텐츠는 고스란히 SNS에 올라가 사람들의 호기심을 자극한다. 색다른 이야기를 담은 콘텐츠는 '좋아요'를 받고, 자연스럽게 SNS 바이럴에 성공한다. 더 많은 사람이 해당 정보를 접하고 반응한다. 이런 선순환 구조가 로코노미에 불을 붙이고 있다.

뉴미디어 환경도 로코노미에 호재다. 일명 사용자 생성 콘텐츠(UGC)가 트렌드의 중심에 서 있다. 뉴미디어는 콘텐츠를 만들고 업로드하는 과정이 쉽다. 특히 숏폼은 누구나 제작하고 업로드해 소통할 수 있다. 이런 편의성이 UGC, 즉 사용자가 생성하는 콘텐츠 시장을 만들었다.

지역에 있는 특별한 장소에 방문했다고 가정해보자. 콘텐츠를 안 남기고 넘어갈 수 있을까? 영상은 아니더라도 사진은 반드시 남긴다. 인증샷이다. 누군가가 시켜서 나오는 콘텐츠가 아니다. 스스로 만드니 UGC에 해당한다. 불편한 편집 과정은 존재하지 않는다. 쉽게 제작하고 쉽게 업로드한다. 이 과정을 수행하는 데 많은 시간을 투자해야 하는 것도 아니다. 망설일 필요조차 없는 것이다.

뉴미디어는 사람들에게 새로운 기회를 제공했고, 로코노미에도 힘을 실어줬다. 앞으로 콘텐츠 제작 과정은 더 쉬워질 것으로 예측된다.

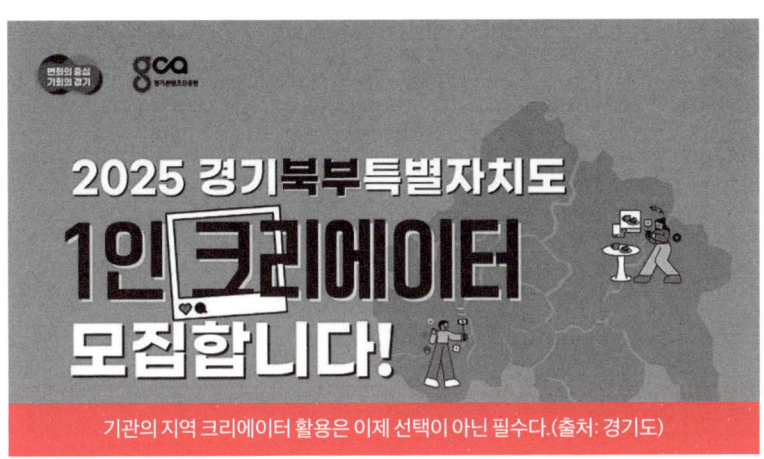

기관의 지역 크리에이터 활용은 이제 선택이 아닌 필수다.(출처: 경기도)

훌륭한 툴이 생기고 AI가 콘텐츠 제작을 도울 것이다. 즉, 콘텐츠로 채워지는 로코노미의 행보는 한동안 이어질 가능성이 높다.

상황이 바뀌니 기관의 행보도 적극적이다. 기관에서 주로 활용하던 기자단은 여전히 유효하지만, 여기에 더해 크리에이터를 모집해 활용한다. 지역 핫플레이스 등을 담아 업로드하는 건 지역 홍보 전략의 중심이다. 이런 변화는 뉴미디어가 있기에 가능했다.

더불어 로코노미 트렌드의 확산이 기관에 울림을 줬다. 지역의 콘텐츠를 담아내면 충분한 홍보 효과를 발휘한다는 믿음이 생긴 것이다.

크리에이터들은 큐레이터와 같은 역할을 한다. 지역의 매력을 전하고, 각자의 성향에 맞게 추천하며 만족도를 끌어올린다. 크리에이터의 시선은 한결같지 않다. 기계처럼 같은 결과물을 내는 게 아니다. 각자의 시선에 따라 지역을 해석하고 콘텐츠화하기에 보는 재미가 더해진다. 이제 로컬 크리에이터는 낯선 개념이 아니다.

　　콘텐츠의 산실이라 할 수 있는 문화예술계도 지역 기반으로 개편되는 상황을 보여주기도 한다. 여러 지역에서 마이크로 아트페어를 개최하거나 로컬 레지던시 프로그램을 운영한다. 예술과 커뮤니티, 그리고 지역에 관심 있는 대중을 연결하는 작업이다. 역시 핫플레이스의 진화 양상이라고 할 수 있다.

　　결론적으로 핫플레이스는 각자의 기준에 따라 결정된다. 특정 기준에 따라 분류된 핫플레이스는 더 이상 힘을 쓰지 못하며, 스스로 선택해 경험한 지식이 힘을 발휘한다. 기존에 알려진 기준이 아니어서 사람들은 새로움을 느낀다. 또한 자신이 주도권을 잡고 있는 일이라 능동적인 경험에 대한 의지가 넘친다. 지역은 이렇게 사람들의 관심을 받는다.

지속할 수 없다면 시작도 하지 말라, 로코노미의 필요충분조건 3가지

자, 그렇다면 콘텐츠와 핫플레이스만 있으면 로코노미 트렌드가 확산할 수 있을까? 아직도 이렇게 오해하는 사람이 많다. 콘텐츠 몇 번 업로드하고 인위적인 핫플레이스를 조성하면 로코노미가 완성된다는 착각이다. 특히 연속성 없는 콘텐츠를 남발하며 타임라인을 낭비하는 경우는 흔히 볼 수 있다. 기획 의도조차 알 수 없는 홍보물도 숱하다. 다음의 필요충분조건 3가지를 주목하라. 잡힐 듯 잡히지 않았던 로코노미를 확실하게 반영할 수 있는 지혜다.

첫 번째는 지속가능성이다. 난 항상 지속가능성을 강조한다. 평소 마케팅에 대해 말할 때도 지속가능성을 판단하라고 조언한다. 왜 그럴까? 지속하지 않으면 소통 구조를 만들 수 없기 때문이다. 기업과 기관, 브랜드의 마케팅은 단기간에 완성되는 프로젝트가 아니다. 꾸준한 소통으로 브랜딩 과정을 끌고가야 한다. 그러니 지속가능하지 않으면 목표를 이룰 수 없다.

지역 생태계 역시 마찬가지다. 이벤트는 단발성 행사에 불과하다. 이벤트를 진행할 때는 사람들이 모여들겠지만, 이벤트가 끝나면 썰물처럼 빠져나간다. 매번 이벤트를 만드는 게 현실적으로 가능한 일일까? 어려운 일이다. 즉, 이벤트 중심의 시스템은 지속가능한 역량이 부족하다는 것이다.

대안으로 지역 생산자, 소상공인, 창업자 등이 꾸준히 생존하고 활동할 수 있는 틀을 만드는 게 중요하다. 콘텐츠에 지역 자원을 단순히 활용하는 게 아니라, 그 자원이 살아남을 수 있는 구조를 함께 설계할 수 있어야 한다.

그간 로코노미의 확산을 위해 노력해온 지역이 많다. 하지만 이들 중 꾸준한 결과를 내어 성공적으로 정착시킨 사례는 손에 꼽을 정도다. 트렌드라는데 도대체 왜 그럴까? 답은 간단하다. 콘텐츠가 지역을 그저 소재로만 여겼기 때문이다. 지역은 소재가 아니라 하나의 스토리로 기능할 수 있어야 한다. 특색을 바탕으로 소통 가능한 키워드를 정하고, 마치 상품의 셀링포인트를 알리듯 체계적으로 접근해야 한다.

만약 이런 과정이 어렵다면, 최소한 스토리가 존재하는 상품을 활용해 꾸준한 시장 전략을 이어가야 한다. 단순히 치고 빠지는 전략을 구사하는 건 로코노미를 이해하는 방식이 아니다. 꾸준한 노력이 지속가능성을 만들고, 로코노미가 꽃피는 상황을 만들 수 있다는 걸 기억하라.

물론 스토리는 어렵다. 대중이 공감하는 이야기를 하는 것 자체가 쉬운 일이 아니다. 그래서 단계별로 접근하는 게 중요하다.

가장 먼저 하고 싶은 이야기가 무엇인지 고민해야 한다. 대중에게 전달하고자 하는 메시지도 좋고, 아니면 단순하게 슬로건 같은 형태도 나쁘지 않다.

전달하려는 이야기를 정했으면 실천적인 방법을 고민한다. 스스로 '착하다'라고 말하는 사람이 있다고 가정하자. 몇 마디 말로 착하다는 사실을 입증할 수 있을까? 그렇지 않다. 이 사람의 행동이 실제로 착해야 한다. 보고, 듣고, 느끼면서 주장은 사실이 된다. 스토리도 마찬가지다. 정해놓으면 끝나는 게 아니다. 이 스토리를 입증하고, 대중이 느낄 수 있도록 다양한 장치를 마련해야 한다. 경험하지 못하면 사람들은 신뢰하지 않는다. 신뢰하지 않으면 스토리는 생존할 수 없다. 점진적인 실천 방안을 고민해 로드맵을 짠다. 가장 실행하기 쉬운 것부터 난이도가 높은 순으로 나열한다. 하나씩 직접 실행하며 진행도를 체크하고, 부족한 부분은 다시 고민한다.

특히 이 과정에서 의도의 명확성을 확인해야 한다. 숏폼 플랫폼의 일반화는 대중의 참을성을 부족하게 만들었다. 의도가 명확하지 않으면 굳이 의도를 이해하기 위해 노력하는 사람이 거의 없다. 그러니 기획 단계에서 의도를 명확히 전하고 대중의 눈길을 머물게 할 필요가 있다.

유통 채널에서는 시리즈화 전략을 택하며 지속가능성을 실험한다. 실제로 이마트는 로코노미 연관 제품으로 시리즈를 선보이며 지속가능한 요소를 배치했다. 로코노미 요소가 김치에 반영되는 기회가 하나만 존재하는

시리즈 전략도 좋은 선택이다.
(출처: 이마트)

건 아닐 것이다. 알다시피 지역은 많고, 지역마다 김치에 활용하는 재료도 많다. 특색만 보여줄 수 있다면 충분히 지속가능한 접근이 가능함을 입증한 좋은 사례다.

로코노미의 두 번째 조건은 지원 조직이다. 사실 지원 조직은 정부나 지방자치단체의 역할에 가깝다. 하지만 지원이라는 단어를 조금 다른 측면에서 해석하면 뉴미디어에 대한 이해를 상징할 수도 있다. 이게 무슨 뜻일까? 지역은 단지 물리적 공간이 아니라 콘텐츠이자 브랜드이며 하나의 채널이다. 기업들은 제품 차별화를 넘어 브랜드 철학과 문화적 감수성을 지역과 엮는 전략을 펼친다. 단순히 제품만 판매하는 건 대중이 기존에 해오던 경험과 다를 게 없기 때문이다. 이 전략을 이끄는 가장 중요한 요소가 바로 뉴미디어라고 할 수 있다.

과거에는 지역을 보여주는 방법이 평면적이었다. 지역의 강점을 단순히 늘어놓은 홍보용 영상, 혹은 물류 인프라나 뛰어난 산업 적응력을 활용했다. 하지만 이제는 콘텐츠와 플랫폼을 중심으로 진화하고 있

다. 디지털 시대의 지역 경쟁력은 물류 인프라보다 브랜딩 역량과 미디어 활용도가 좌우한다.

기업이 지역과 협업할 때 가장 큰 장벽은 지역 브랜드의 인지도, 디지털 콘텐츠 생산 역량, 유통 플랫폼 확보 여부다. 이 부분에서 뉴미디어가 결정적 역할을 할 수 있다. 이미 언급한 대로 이제 지역에서 콘텐츠 랩을 운영하며 숏폼, SNS 큐레이션, 지역 브랜딩 마케팅을 돕는 일은 흔해졌다. 지방자치단체는 단순히 지원 조직이 아니라 콘텐츠 기획자이자 미디어 퍼블리셔 역할을 맡는다.

심지어 최근에는 아예 데이터뱅크를 구축하려는 노력도 보인다. 지역 내에서 창작 활동 중인 아티스트, 식음료 브랜드, 공방, 미디어 콘텐츠 제작자들의 데이터베이스를 디지털화하여 외부 기업과의 연결을 유도하는 방식이다. 데이터뱅크와 함께 운영되는 센터들은 큐레이션 매칭 프로그램을 제공하기도 한다. 뉴미디어 환경에서 플랫폼 선점을 통해 협업 주도권을 쥐겠다는 의지가 보인다.

이러한 노력은 지역의 플랫폼화를 시도하는 움직임이다. 지역의 콘텐츠를 대중이 이해할 수 있는 방식으로 선보이고, 기업 역시 쉽게 발견하고 접근할 수 있도록 연결 구조를 개선하는 것이다. 결과적으로 이는 브랜드와 지역 간의 협업을 쉽게 만들고, 성공 가능성을 높이는 기반이 된다.

결론적으로, 지역이 하나의 콘텐츠 단위로 기능하기 위해서는 뉴미디어 플랫폼이 지원 조직이 되어야 한다. 단순한 농산물·공예품 생산지로 머무는 것이 아니라, 디지털 환경에서 소비자와 만나는 접점을 어떻게 구성할 것인가를 고민해야 한다. 기업은 지역의 철학과 감성, 그리고 특색 있는 포인트를 빌린다. 하지만 이것을 대중이 원하는 언어로 가공하고 발신하는 역할은 뉴미디어가 한다. 그래서 지원 조직을 뉴미디어 그 자체로 생각하라는 메시지를 전하는 것이다.

앞으로 지역은 뉴미디어 채널로 브랜딩될 것이다. 채널을 어떻게 키우고 어떤 콘텐츠로 채워 넣을지 전략적으로 판단해야 한다. 지역을 유통 가능한 브랜드로 만드는 일, 그것이 바로 지금 뉴로코노미의 미디어에서 해야 할 일이다.

로코노미의 세 번째 조건은 공존 가능한 정체성이다. 성공적인 로코노미는 브랜드가 지역을 소비하는 방식이 아니라, 지역과 브랜드가 상호작용하며 새로운 정체성을 만들어가는 것이다. 이는 지역에 대한 존중에서 시작된다. 지역의 역사, 감정, 공동체성을 고려하지 않은 브랜드 협업은 오히려 반감을 불러일으킬 수 있다.

실제로 일부 기업들이 지역의 맛을 강조한 상품을 출시했지만 해당 지역이 외면하는 사례도 있었다. 단순히 맛만 강조해 지역의 특색을 전혀 담아내지 못했기 때문이다. 따라서 로코노미에 익숙한 대중 역시 공감하기 어려웠다. 이러한 실패 사례를 피하려면 브랜드가 로컬 파트너와 대등한 관계를 유지해야 하며, 지역의 전통이나 가치에 대한 해석 또한 일방적으로 진행하지 않아야 한다.

업무의 방향성에서도 공존을 생각해야 한다. 뉴미디어가 가져온 로컬의 재발견은 단지 기업과 지역만의 문제가 아니다. 로코노미가 가져온 효과가 커지며 정부와 지방자치단체까지 연결되는 큰 이슈가 되었다. 이 과정에서 지역은 브랜드가 되고, 콘텐츠가 되며, 유통 플랫폼이 된다.

문제는 다층적 관계가 생기며 충돌 가능성이 생겼다는 것이다. 공공성은 민간의 속도와 충돌하고, 시장성은 지역의 정체성과 충돌할 수 있다. 종종 대중의 취향과 충돌하는 일도 생긴다. 공존의 조건을 찾지 못하면 모두가 로코노미를 지속할 수 없는 것이다.

기업은 당연히 효율과 수익을 우선시한다. 브랜드가 지역과 협업할 때 가장 중시하는 것은 소비자와 시장의 방향이다. 반면 지방자치단체나 지역 공동체는 지속성과 정체성, 지역 내 선순환을 더 중요시한다.

여기서 문제가 발생한다. 예를 들어 유명 브랜드와의 협업 이후 해당 지역 자원이 일회성 소비로만 그치거나, 지역 주민의 자율성과 무관하게 외부 이미지로 재가공되는 경우다.

실제로 지역의 로컬 브랜딩 프로젝트와 관련해 대형 프랜차이즈가 협업을 제안하는 경우가 많지만, 결과적으로 시장의 분위기만 차용하고 경제적 이익은 본사가 취했다는 시선에서 자유롭지 못했다. 로코노미 콘텐츠가 만들어졌지만, 지역이 소외되는 아이러니가 발생한 것이다. 브랜드와 지역이 서로 바라보는 방향이 달라 발생하는 대표적 불균형 사례다.

공존이 가능하기 위해선 각자의 속도와 가치에 대한 인정과 협상이 필요하다. 기업은 시장 반응 속도에 민감할 수밖에 없다. 하지만 지역은 신뢰 구축과 관계 형성을 중요하게 생각한다. 지방자치단체는 행정적 절차와 평가 기준 같은 요소들 때문에 기업의 반응 속도를 따라가기 어렵다. 각자의 특성을 인정하는 시간이 필요하다.

충돌을 완화하기 위해 몇몇 지역에서는 업무 지원 조직을 운영하고 있다. 이들은 공공과 민간 사이에서 속도를 조율하고 이해관계를 중재하는 역할을 수행한다. 이 과정에서 대중의 트렌드를 적극적으로 반영하려는 노력이 더해진다면 로코노미의 의미는 더욱 커질 수 있다. 이러한 장치가 없으면 공존은 실현되기 어렵다. 다만 이해관계 조율 여부와는 상관 없이 미디어 플랫폼에서는 반응 속도가 결과를 좌우하는 게 사실이다. 따라서 공공이 속도와 트렌드를 학습하고, 기업이 관계와 맥락을 존중하는 쌍방의 노력이 요구된다.

더 근본적으로는 결과 중심 협업에서 관계 기반 협업으로 전환할 필요가 있다. 기업과 지역의 협업은 단지 특정 제품을 만들기 위한 계약이 아니라 지속적인 파트너십과 브랜드 철학 공유로 진화하고 있다. 예를 들어 일본 도쿠시마현은 한 스타트업과 협력하여 지역 산림 자원을 활용한 생활용품을 공동 개발했다. 개발 완료 이후에도 그 스타트업은 도쿠시마에 사무소를 설치하고, 지역 고등학교와 연계한 산림 디자인 교육 프로그램을 운영하며 관계를 유지하고 있다. 이는 단지 협업의 성공이 아니라 공존을 위해 사회적 관계 구조를 설계한 사례로 볼 수 있다. 여기서 핵심은 모든 이해관계자가 공통의 목표를 이해하고 함께 나아갈 수 있는 협치 구조다.

소위 '선택지'를 제공하는 방식도 있다. 완도군은 외부 프랜차이즈와 손잡고 로코노미 키워드를 패키지 상품과 같은 형태로 다양하게 활용했다. 완도군이 알리고 싶었던 로코노미 상품 키워드는 최대로 알

패키지와 같은 로코노미 활용이 해답이 될 수도 있다.(출처: 완도군)

렸고, 프랜차이즈가 원한 상품화도 잘 이뤄졌다. 이처럼 로코노미 키워드를 이상적으로 활용할 수 있는 방법을 다양하게 찾고, 소비자가 취향에 따라 선택할 수 있는 환경을 만들어가는 것도 좋을 것이다.

관계를 형성하며 절충안을 찾는 것도 좋은 방식이다. 코카콜라는 해방촌 신흥시장과 손을 잡았다. 식당 대표 메뉴의 국적에 따라 다른 언어로 코카콜라 로고를 배치하거나, 신흥시장 입구와 골목의 크고 작은 간판을 코카콜라 이미지로 꾸미는 방식이다. 신흥시장의 정체성을 크게 해치지 않고 코카콜라의 브랜딩이 들어갔다. 시장을 찾는 사람들에게는 색다른 미식 경험으로 다가갔을 가능성이 높다. 이처럼 관계를 기반으로 한 협업 시스템은 로코노미를 적용하는 아이디어 중 하나다.

결론적으로 오늘날의 로컬 협업에서 공존은 윤리적 선택이 아니라 전략적 필수 조건이다. 소비자는 더 이상 단순히 제품을 보지 않고, 제품이 태어난 과정을 본다. 게다가 가치 소비 트렌드에 따라 투명성, 윤리성, 정체성의 균형이 브랜드 신뢰도를 결정한다. 이 과정에서 공공과 민간, 지역의 조화는 경쟁력을 높이는 요소로 작동한다.

디지털 시대의 브랜드는 콘텐츠이고, 콘텐츠는 관계에서 나온다.

시장의 감성과 코카콜라 브랜딩이 공존하는 결과가 나왔다.(출처: 코카콜라)

지속가능한 콘텐츠란 결국 지속가능한 관계 위에서만 가능하다. 공존은 느리지만 단단한 생태계를 만들어낸다. 빠르게 반짝이는 일회성 협업이 아닌, 천천히 깊어지는 공존형 파트너십이야말로 로코노미를 적용하는 유일한 방법이다.

로컬을 확장시키는 테크, 새로운 자원을 활용해야 하는 이유

나는 마케팅 강의에서 많은 지역 소상공인을 만난다. 기억에 남는 사람도 있다. 2대에 걸쳐 장인 정신으로 장사하는 사람이었다. 아버지로부터 물려받은 점포를 홍보하기 위해 고민하고 있었고, 그 와중에 내 강의를 듣게 되었다. 다양한 플랫폼을 이용하려 노력하는 그의 모습이 인상 깊었는데, 특히 새로운 플랫폼이 나올 때마다 연구한다는 말이 마음에 와닿았다. 새로운 플랫폼에서 색다른 기회를 만날 수 있다는 확신 때문이라고 했다. 나도 적극 동의한다.

테크(이하 기술)는 어렵게 느껴지지만, 새로운 기회를 만들어주곤 한다. 잘 알고 있다면 이 기회를 잡을 수 있는 확률이 높아진다. 로컬과 기술은 동떨어진 개념이 아니다. 기술은 자원이며, 로컬과 기술의 만남을 완성하기 위해서는 많은 고민을 이어가야 한다.

2026년 우리가 주목해야 할 가장 근본적인 변화 중 하나는 기술과 로컬의 만남이다. 과거 '지역'은 중심이 아닌 곳이었다. 물리적 거리의 제약, 정보의 불균형, 유통의 한계 속에서 지역은 주변으로 밀려나 있었다. 하지만 로코노미 트렌드가 지배하는 지금은 기술이 지역을 흔든다. 뉴미디어가 지역을 콘텐츠로 바꾸고, 그 콘텐츠가 다양한 사람들과 연결되기 때문이다.

이제 지역은 더 이상 고립된 곳이 아니다. SNS, 커머스 플랫폼, 디지털 미디어, 라이브 스트리밍 등이 지역 자원의 의미를 재구성하고 새로운 가치를 부여하는 매개체로 작동한다. 과거에는 지리적 한계가 곧 시장의 한계였지만, 지금은 디지털이 그 경계를 지운다.

앞서 언급했지만, 로컬은 그 자체로 매력적인 콘텐츠가 된다. 예전에는 지역 특산물이나 전통 시장 같은 전형적인 이미지가 로컬 콘텐츠의 전부였다. 그러나 지금은 다르다. 로컬은 새로운 감각이 되고, 브랜딩이 되며, 누군가의 취향에 맞는 해답을 제시한다. 사람들은 특정 지역의 공방, 길거리 간판, 로컬 북 스페이스, 플리마켓, 식재료, 사투리, 공간감에 주목한다. 과거의 산지 직송이 아니라 가치 직송이다.

이런 현상은 소비자의 변화에서 비롯된다. 요즘 소비자는 제품보다 맥락을 소비한다. 따라서 제품이 태어난 장소, 만든 사람, 내재된 의미, 지리적 특수성이 중요해졌다. 콘텐츠로서의 지역은 이런 변화를 정조준한다. 기술은 지역을 보여주는 데서 그치지 않는다. 플랫폼 위에 올려놓고 다양한 행동을 가능하게 만든다. 지역은 더 이상 일회성 체험의 대상이 아니라 반복 가능한 서비스 구조로 변모하고 있다. 특히 SNS와 라이브커머스가 지역을 경험하는 방식을 바꾸고 있다.

인스타그램, 유튜브, 틱톡 등에서는 지역 기반의 생활 인플루언서가 자신만의 생활 세계를 콘텐츠로 만들어 공유한다. 예를 들어 지역의 한 디자이너가 자급자족 식단과 지역 공방 소개를 콘텐츠로 구성해 수십만 명의 구독자를 모으고, 이를 통해 지역 내 체험 프로그램을 운영하거나 굿즈를 판매하는 구조가 생긴다. 팬덤화나 수익화라는 개념을 생각하게 만든다. 선순환 고리가 생기는 것이다.

라이브커머스 역시 지역 경제를 콘텐츠화하는 매우 효과적인 매체로 부상하고 있다. 로컬에서 진행하는 라이브커머스에 장인이 직접 출연해 제품을 소개하기도 한다. 1시간 만에 평소 1개월 치 판매고를 기록했다는 이야기도 들린다. 중요한 건 단순한 홍보가 아니었다는 것이다. 시청자와의 대화, 브랜드에 담긴 맥락, 지역의 감각을 실시간으로 전한 경험이다. 커머스가 아니라 로컬 가치 전달에 가깝다. 다양한 라이브를 통해 전해지는 로컬의 상품들은 대부분 이렇게 경험을 제공하고 있다.

이제 로컬은 마케팅의 부속물이 아니다. 플랫폼의 중심 소재이며, 콘텐츠 전략의 시작점이다. 지역은 단지 아기자기한 콘텐츠가 아니라, 브랜드가 이해하고 싶은 대상이 되었다. 로컬 협업은 단기 트렌드가 아니라 장기적 브랜드 전략으로 작동한다.

이 모든 사항에 변화하는 기술이 있다. 앞서 언급한 이야기는 모두 새로운 플랫폼을 활용하는 적극성이 만들었다. 로컬의 기반은 새로운 자원으로 더 탄탄해지고, 새로운 자원을 활용해 MZ세대와 알파세대를 만난다. 2026년의 트렌드는 로컬에 존재론적 질문을 던진다. 과거에 머물러 있지 말고, 주목할 이유를 플랫폼으로 설명하라는 것이다.

결국 로코노미는 더 이상 선택이 아니라 필수다. 기술이 지역을 해방하고 콘텐츠화하고 연결함으로써 지역은 외곽에서 중심으로 이동하고 있다. 10년 전만 해도 지역 협업은 착한 소비, 사회적 경제의 범주로 분류되었다. 하지만 지금은 지속가능한 성장과 브랜드 전략, 미디어 운영의 중심이 되었다. 지역은 과거를 보존하면서도 미래를 실험할 수 있는 공간이자, 정체성과 공동체성을 회복할 수 있는 장소다.

디지털은 이러한 지역의 강점을 증폭하는 도구다. 기술은 로컬을 더 커 보이게 만들고, 더 넓게 연결하게 하며, 더 깊이 설명하게 한다. 로코노미는 단순한 경향이 아니라 새로운 경제적·문화적 질서의 핵심 키워드다. 우리는 지금, 지역이 가장 글로벌한 전략이 되는 시대에 살고 있다.

CONSUMPTION TRENDS

CONSUMPTION

MZ보다
무서운 그들,
X세대의 역주행

TRENDS + −

X세대, 자유를 바탕으로 새로운 삶을 꿈꾸다?

가장 무서운 건 중간이 아닐까? 적어도 나는 그렇게 생각한다. 중간에 있으면 카멜레온처럼 적응할 수 있기 때문이다.

이렇게 생각해보자. 디지털과 아날로그의 중간이다. 디지털도 경험했고 아날로그도 경험했다. 그래서 디지털과 아날로그의 중간이다. 이런 상황이면 아날로그와 디지털 양쪽 모두에 적응할 수 있다. 물론 디지털 온리(only) 혹은 아날로그 온리 세대보다 각각에 대한 깊은 이해는 다소 부족할 수 있다. 하지만 요즘은 얕고 넓은 지식이 오히려 대세다. 중간에 위치한다는 건 현재 트렌드에 가장 잘 어울리는 상황일 수도 있다. 대표적으로 밀레니얼 세대가 있다. 앞서 언급한 디지털과 아날로그를 모두 경험해 어느 한쪽에 치우치지 않는 중간 세대다.

그리고 중간에 걸쳐 있는 세대가 또 있다. 집단과 개인의 가치를 모두 경험한 X세대다. 이들은 지나치게 집단의 가치를 강조하지도 않고, 그렇다고 지나치게 개인만 강조하지도 않는다. 중간에서 각 가치에 뛰어나게 적응한다.

2026년 우리는 X세대에 대해 새로운 시선을 가질 필요가 있다. 2026년의 트렌드가 원하는 강점을 두루 가지고 있는 세대이기 때문이다.

X세대는 1965년부터 1980년까지 태어난 사람들을 지칭한다. 사

회 연구의 편이성을 위해 1970년대생으로 한정하기도 한다. 이들은 유년기와 청소년기에 강력한 사회구조와 규범을 경험한 세대다. 가부장적 문화와 산업화가 가져온 집단주의 속에서 자라났다. X세대의 사회는 순응을 강요했다. 여기서 말하는 순응이란 집단적 가치에 따르는 것이다. A라는 제품이 인기를 얻는다고 가정해보자. 그러면 자신은 B를 원한다고 할지라도, 그냥 A라는 제품을 따라간다. 집단적 가치에 순응하기 위함이다. 사실 굳이 순응할 필요가 없다. 하지만 X세대가 자라난 환경은 순응하지 않는 사람을 사회 부적응자로 보는 경향이 있었다. 개인의 취향이나 생각을 소비 기준으로 활용하긴 어려운 분위기였다.

하지만 1980년대 후반부터 1990년대 초중반까지 이어진 민주화의 흐름과 더불어 대학가와 청년층 사이에서 급격히 개인의 자유에 대한 열망이 피어올랐다. 단순한 제도적 자유를 말하는 게 아니다. 자신의 삶을 스스로 선택하고 자기만의 가치에 따라 살 수 있는 권리에 대한 요구였다. 그래서 나는 X세대와 연관된 트렌드를 말할 때 반드시 개인의 자유라는 표현을 사용한다. X세대가 발견해낸 가치이기 때문이다.

개인의 자유는 X세대에게 삶의 전략이자 생존 방식이다. 사회적 격동기에 X세대는 체제에 길들여지는 대신 질문을 던지며 발전하는 방식을 택했다. 회사 등 사회조직과 가족이라는 프레임에 자신을 무조건 투영하지 않으려는 경향이 강하며, 자신이 주도하는 삶을 지향한다.

이런 흐름을 진지하게 생각해볼 필요가 있다. 분명 X세대는 성장 과정에서 개인의 자유를 존중받지 못하고 자랐다. 하지만 청년기를 거치며 정반대의 가치를 받아들인 하이브리드형이다. 순응이 필요할 때는 순응하고, 그렇지 않을 때는 개인의 자유를 말한다. 다른 세대와 차별화된 모습이라고 하겠다.

X세대는 자유의 감각을 사회 전반에 확산한 주체다. 이들의 대학 문화, 동아리 중심 커뮤니티, 자비 유학 증가 등은 스스로의 삶을 설계하려는 욕망에서 출발했다. 또한 이들은 디지털 전환기를 경험한 최초의 세대이기도 하다. 아날로그와 디지털 사이에서 감각의 유연성을 획득했고, 선택적 적응을 통해 활용도를 끌어올렸다. 마치 뒤이어 등장한 세대들을 위해 디지털을 '해석'한 것 같다.

디지털 해석자의 특징은 레트로를 주도하게 만들었다. 우리는 보통 레트로를 주도한 세대가 MZ세대와 알파세대라고 생각한다. 맞는 말이다. 이들은 레트로를 새로운 경험으로 여기며 다양한 방식으로 소비했다. 하지만 안정적 기반은 X세대가 마련했다. 이들은 레트로가 뻗어

X세대는 향수를 바탕으로 레트로를 주도했다. (출처: 후지필름)

나갈 수 있게 기반을 다져주었다.

X세대는 레트로를 새로운 경험이라기보다 향수로 받아들인다. 익숙한 것을 다시 만났을 때 느끼는 반가움으로 소비했다. 익숙함이 더 무섭다는 말이 있다. 실제로 X세대는 익숙함이 주는 편안함을 소비의 이유로 삼았고, 레트로 아이템들은 더 힘을 얻을 수 있었다. 레트로를 뉴미디어에 퍼트려준 게 MZ세대와 알파세대라면, 이들이 움직일 수 있도록 상업적 기반을 마련해준 게 바로 X세대라고 할 수 있다.

레트로를 통해 알 수 있는 X세대의 특성은 기존 질서를 무조건 배척하는 게 아니라 유연한 사고로 받아들이고 활용한다는 것이다. 이 방식은 사회적 생존 전략과 맞닿아 있다. 조직 속에서 자신의 원칙을 지키며 일하고, 때로는 탈출을 시도하며, 새로운 관계와 정체성을 탐색한다. 때때로 우리는 'MZ스럽다'라는 말을 한다. 긍정적 뉘앙스보다는 부정적 뉘앙스를 풍긴다. MZ는 대체로 기존 질서에 저항하는 방식을 택한다. MZ의 생존 전략이 저항이라면, X세대의 전략은 상황에 따른 적응이다. MZ와 X세대의 차이를 알 수 있는 부분이다.

아울러 X세대는 워라밸이라는 말을 만들어내지는 않았지만 실천자가 되려 노력했다. 이들은 가족에 대한 책임을 짊어진 세대였지만, 동시에 자신만의 휴식과 만족을 찾기 위해 끊임없이 노력했다. 이들은 코로나19 이후 확산한 재택 근무, 하이브리드 근무가 성공적으로 정착되는 데 중요한 역할을 했다. 직장에 대한 절대적 충성을 미덕으로 삼았던 이전 세대와 달리, 조직에 속하면서도 독립성을 확보하는 방법을 실천해왔다. 이는 단지 개인의 선택 문제가 아니다. 기술과 시대 흐름에 유연성 있게 대응해온 역사에서 기인한다.

2026년 우리가 X세대에 주목해야 하는 이유는 분명하다. X세대는 중년 이후에도 여전히 트렌드를 만드는 소비 주체다. 하지만 이들의 소비는 단순한 제품이나 서비스에 머무르지 않는다. 중요한 건 의미 있는 경험이다. 이들은 소비 행위를 통해 자신만의 정체성을 표현하고 사회와 연결되고자 한다. 브랜드의 이야기와 자신의 취향을 중요시하며, 물질적 과시보다는 정서적 만족과 윤리적 소비에 반응한다. 이러한 경향은 공유 경제, 중고 거래 플랫폼, 독립 서점, 소규모 로컬 브랜드, 제로 웨이스트 상점 등을 통해 이미 구체화되었다. 단순한 절약이나 환경의 문제가 아니다. X세대의 삶의 철학이 담겨 있는 흐름이다.

X세대의 가치는 커리어 패스에서도 분명히 드러난다. 이들은 대기업 안정직을 선호한다. 하지만 점차 1인 창업, 크리에이터, 공유 공간 창업, 시니어 창업 등으로 경로를 다양화하고 있다. 특히 퇴사 이후 제2의 인생을 설계하는 사례가 늘고 있으며, 이는 단순한 경제활동의 의미를 넘어 자아실현으로 이어진다. 하고 싶은 일을 나중에 하기보다는 지금 하겠다는 의미가 담겨 있다. 단순한 취미 생활을 넘어 콘텐츠 제작, 교육, 리커머스, 로컬 기반 사업 등으로 연결되는 이러한 활동은 X세대가 라이프스타일 주도층으로서 여전히 유효한 힘을 지녔음을 보여준다.

X세대에게 개인의 자유는 자아 실험의 필수 조건이기도 하다. 과거 이들은 해야 할 일과 하고 싶은 일 사이에서 고민했다. 2가지의 긴장감은 X세대에게 스트레스를 유발하는 존재였다. 그러나 중년 이후 이들은 자신의 삶을 리셋할 수 있는 자율권을 적극 행사하고 있다. 정체성

재설계 과정이다. 여행, 리스킬링, 직업 전환, 라이프셰어, 대안 공동체 참여 등이 대표적이다.

X세대는 시간을 소극적으로 받아들이기보다 능동적이고 창의적으로 활용하고자 한다. 이는 문화 콘텐츠, 교육, 커뮤니티 등 다양한 영역에서 X세대의 재등장을 이끌고 있다. 그래서 X세대의 활약을 만날 수 있는 곳이 많아지고 있다.

대표적인 것이 SNS다. X세대가 SNS를 이용하지 않은 건 아니다. 하지만 MZ세대와 알파세대보다는 익숙함이 덜하다. SNS에서 많은 정보를 교환하고 각종 소비의 지표로 삼지는 않았다. 마치 일기를 쓰듯 SNS를 활용하는 경우가 많았다. 2026년의 X세대는 다르다. SNS에서 가볍게 쇼핑을 즐기며, 다양한 정보를 공유한다. 스스로 정보 공유의 중심이 되기도 하고, 커뮤니티화를 망설이지 않는다. MZ세대와 알파세대의 전유물처럼 여겨졌던 유통 채널도 변화가 감지된다. 여러 경로를 통해 X세대가 적극 유입되고 있다.

GS25에 따르면 X세대 고객 비중은 내년 증가하고 있다. 최근에는 편의점 전체 매출의 절반 가까이를 X세대가 차지하고 있다는 통계도 나온다. MZ세대와 알파세대의 전유물처럼 여겨졌던 편의점 고객층이 변하고 있다. X세대 고객은 특정한 계기로 늘어난 게 아니다. 자연스럽게 편리한 유통 채널을 찾고, 새롭게 떠오르는 유통 채널에 열린 마음으로 접근한 결과다. 편의점은 실제로 접근성 좋은 유통 채널이다. 제품과 서비스를 늘려가며 꼭 필요한 존재로 자리를 잡았다. 능동적이고 창의적인 특성을 가진 X세대는 과거와 달라진 소비 환경을 놓치지 않았다.

편의점은 더 이상 젊은 세대의 전유물이 아니다.

그리고 편의점을 직접 이용하며 친숙한 소비 채널을 하나 더 늘렸다.

이뿐만이 아니다. 앱테크에서도 X세대가 중요한 역할을 한다. 보통은 알파세대나 Z세대가 많이 접근한다. 하지만 X세대도 만만치 않다.

케이뱅크는 고객에게 돈나무 키우기 서비스를 제공한다. 고객이 출석 또는 임무 수행을 하면 보상을 해주는 방식이다. 고객은 돈나무를 키우는 과정에서 현금 보상을 받고, 키우기를 완료하면 추가로 현금 보상을 받는다. 돈나무는 선풍적인 반응을 이끌어냈는데, MZ세대는 물론이고 X세대도 많이 참여했다. 실제로 이용 고객 중 40대가 28.5%, 50대가 22.5%로 전체 고객의 절반 이상을 차지했고, 앱테크에 큰 관심을 보인 4050이 인터넷은행의 새로운 고객층으로 떠올랐다.

X세대는 자아를 실험하며, 새로운 개념을 적극적으로 받아들이고 있다. 이런 행보의 배경에는 역시나 자유의 가치를 알고 살아온 시간이

돈나무의 중심에는 X세대가 있었다. (출처: 케이뱅크)

존재한다. X세대를 각종 마케팅과 소비 흐름에서 주목해야 할 이유도 바로 여기에서 나온다.

늦바람의 시작, X세대가 자신을 이해하는 2가지 방향성

"야, 이게 그렇게 재밌냐?"

주말마다 골프장만 들락거리던 A 씨가 요즘 캠핑에 빠졌다. 처음엔 가족과 함께 시작했다더니, 지금은 혼자 SUV에 루프탑 텐트까지 달고 전국을 누빈다. SNS를 안 하던 사람이 캠핑 장비 리뷰를 올리며 특정 브랜드에 대한 예찬까지 한다. 뭔가 크게 달라진 것이다. 친구들과의 모임에서도 변함이 없다. 캠핑이 그렇게 좋냐는 친구의 물음에 이렇게 답한다.

"한번은 혼자 불멍하다 울 뻔했어. 별거 아닌데, 그냥 좋더라."

그 말에 다른 친구들 눈빛이 흔들렸다. 한 명은 "나도 텐트 하나 살까?"라고 했고, 또 한 명은 "우리끼리 캠핑 동호회 만들자"라는 말까지 꺼냈다. 그렇게 50대 남자들의 캠핑 모임이 시작됐다. 처음엔 "이 나이에 뭘 하냐"라던 사람들도, 자연 속에서 고기를 굽고 별을 보며 이야기 나누는 시간이 늘어갈수록 스스로에게 질문을 던지기 시작했다.

"나는 지금 어떻게 살고 있지?"

"이 다음엔 뭘 하고 싶지?"

늦은 나이에 캠핑에 빠진 사람들의 이야기다. 누군가는 이걸 늦바람이라 부를지도 모르지만, 한 번도 제대로 자신에게 하지 못했던 질문에 대한 늦은 답변이다. 나를 위한 시간, 나를 위한 관심, 그리고 이제야 허락된 진짜 취향, 이것이 지금 X세대를 움직이게 하는 진짜 이유다.

X세대의 늦바람이다. 늦바람이라 불리는 이 흐름은 단순히 늦게 도래한 관심이 아니라, 긴 시간 동안 억눌려 있던 자아가 수면 위로 떠오르는 자기 발견의 과정이다. 이들이 현재 보여주는 열정은 젊은 세대의 신선함과는 또 다른 깊이와 지속성을 지닌다.

X세대는 자녀 양육이나 직장 내 경력이 어느 정도 마무리되거나 안정기에 접어들면서 시간적·경제적 여유를 확보하게 되었다. 이 여유는 단순한 휴식에 그치지 않고 삶에 대한 질문으로 이어진다. 나는 누구였는지, 앞으로 어떤 삶을 살고 싶은지 등의 물음이다. 이러한 질문은 삶의 2막을 스스로 연출하려는 마음으로 이어진다. 삶의 2막은 생각

보다 간단하다. 스스로를 위해 살면 되는 것이다. 사회적 책임감 때문에 잊고 살았던 자신을 찾는다. 그리고 나를 위해 돈을 쓴다. 삶의 2막 중심은 바로 나다.

나에 대해 이해하는 과정은 2가지 방향성이 있다. 첫 번째는 스스로를 돌아보는 것이고, 두 번째는 관심사에 몰입하는 것이다. 먼저 스스로를 돌아보는 첫 번째 방향성을 생각해본다.

최근 X세대를 위한 시 쓰기 혹은 글쓰기 클래스가 곳곳에 열린다. X세대를 위한 기관 프로그램에서 자주 발견할 수 있다. 기관 프로그램이 아니어도 이들은 자발적으로 모임을 형성하여 글을 쓰고 공유한다.

시나 글을 쓰는 일(이하 글쓰기)은 스스로를 돌아보게 만든다. 과거의 기억을 떠올리고, 그간 느꼈던 수많은 감정들을 생각하게 된다. 자신이 살아온 흐름을 생각하는 일에도 도움이 된다. 물론 대부분 자서전을 쓰고 싶어 하는 건 아니다. 하지만 글을 쓰면 스스로를 더 잘 이해할 수 있다. 그러니 X세대에게 글쓰기는 생각보다 훨씬 의미 있는 일이 된다. 국내외에서 시집이 많이 팔린다는 이야기가 들린다. 시집 구매층을 MZ세대로 보는 경우도 많지만, 실제로는 X세대도 많이 구매한다. 글쓰기를 통해 자신의 감성을 돌아보고 경험한 X세대가 시집을 구매한다고 예측할 수도 있다.

두 번째 방향성은 관심사다. 말 그대로 취미다. 그런데 양상이 다양해졌다. 대세는 따로 없지만 선택의 폭이 넓어졌다. 클래식 음악회, 문학 모임, 와인 클래스, 수제 맥주 양조 워크숍, 필라테스 커뮤니티 등 다양한 문화적 현장에서 X세대의 참여가 뚜렷하다. 이들은 자신이 좋아

X세대는 지금 글을 쓰고 있다.

하는 취미를 위해 시간과 비용을 아끼지 않는다. 단순한 취미를 넘어 삶의 방향성과 가치를 재설정하고 더 큰 즐거움을 누리고자 하는 마음이 담겨 있다. 이들의 늦바람은 단지 유행을 좇는 것이 아니라 정체성과 일상을 재구성하는 과정이다.

과거 모임 어플들은 MZ세대의 전유물이었다. 특히 원데이 클래스 등을 매칭하는 플랫폼들은 대부분 MZ세대의 관심을 받으며 성장했다. 사회 초년생이어서 대인 관계를 넓히고 싶은 Z세대, 그리고 사회생활을 바탕으로 다양한 네트워킹을 원하는 밀레니얼 세대가 주요 타깃이었다. 하지만 이제는 다르다. 관심사를 지향하는 X세대가 다양하게 유입되어 어플 사용 연령대를 확장했다. 한 걸음 더 나아가 X세대는 아예 자신들을 타깃으로 한 모임 어플도 활발히 사용한다. X세대의 관심사를 반영한 키워드로 기존 모임 어플보다 좀 더 X세대에게 맞춰진 어플

모임 어플은 MZ의 전유물일까? 이제는 그렇지 않다.

이다.

X세대는 더 이상 타인이 정한 기대에 자신을 맞추려 하지 않는다. 자녀를 위해, 조직을 위해, 사회적 기준을 위해 잠시 뒤로 미뤄두었던 취향을 폭발시키고 있다. 이는 단순한 자기애가 아니다. 억눌렸던 자아의 회복이다. 스스로를 위한 소비라면 아낄 필요가 없다. 소비를 통해 자신이 무엇을 좋아하는지 실험하고, 이를 확인하기 위해 또 소비한다. X세대가 큰손이 될 수밖에 없는 이유다.

이런 태도는 최근 증가하고 있는 다양한 전환과도 맞닿아 있다. 직장인의 퇴사 후 제2의 커리어 찾기, 도시 생활을 접고 지방으로 이주해 창작과 농사를 병행하는 라이프스타일, 50대 이후 새로운 학업에 도전하는 사례 등은 모두 X세대가 관심사 중심의 삶을 선택하는 과정을 보여준다.

X세대의 배움은 새로움을 지향한다. (출처: 클래스101)

　중요한 사실은 이런 행동이 단순히 위기를 돌파하려는 움직임이 아니라는 사실이다. 현실 도피, 혹은 경쟁이 덜한 곳에서 새로운 기회를 찾아보고자 하는 목적이 아니다. 오히려 관심과 취향, 그리고 삶의 의미가 맞닿아 있는 지점을 찾아가는 방향 전환의 움직임이다. 이 전환을 잘 해내려면 결국 소비가 뒤따를 수밖에 없다.

　X세대의 배움 욕구는 늦바람과도 연관이 있다. 지방자치단체에서도 아예 4050이라는 숫자를 내세우며 배움을 장려한다. 온라인 교육 플랫폼과 손잡고 결과를 만들어내는 사례도 늘었다. 지금까지의 인생 2막 교육은 비자발적이거나 의무적으로 이루어졌다. 당연하게도 참여를 위한 열정은 없었다. 하지만 이제 인생 2막의 교육은 자발적이다. 스스로 미래를 설계하고 관심사에 따라 선택한다. 강제적인 2막 전환의 시대는 끝났다. X세대는 주도적으로 새로운 삶을 준비하고, 이 삶의 중심에는

소중한 자아가 존재한다. 이런 흐름을 본다면, 다양한 교육 콘텐츠 시장에서 X세대는 더 중요한 역할을 할 것이다.

X세대는 단순한 여가 소비자에 머무르지 않는다. 자신이 속한 커뮤니티에서 적극적으로 콘텐츠를 생산하고, 지식을 공유하며, 활동을 기획한다. 유튜브, 블로그, 숏폼 등 디지털 플랫폼에서 활동하는 X세대 창작자의 수가 지속적으로 증가하고 있다. 이들은 경험과 성찰을 기반으로 한 콘텐츠를 제공한다. 이들에게 콘텐츠는 단순한 생산물이 아니라 자신을 말하는 중요한 도구다.

디지털에 대한 감각도 점점 정교해지고 있다. X세대는 인터넷의 태동기와 PC통신 시절을 기억하는 세대이자, 스마트폰의 대중화와 소셜미디어의 확산기를 함께 겪은 세대다. 이들은 기술을 지나치게 신뢰하거나 비판 없이 받아들이지 않는다. 대신 기술을 도구로 활용하며, 자신에게 필요한 기술을 선별적으로 받아들이는 큐레이터의 모습을 보인다.

물론 X세대는 디지털과 거리가 멀다고 생각하는 사람들도 많다. 하지만 이런 시선은 틀렸다. X세대는 디지털에 대해 부족한 부분을 스스로 채운 세대다. 새로이 등장한 생성형 AI와 함께 다양한 뉴미디어를 더 쉽게 운영하고 있다. 따라서 콘텐츠 생산을 유도하는 방식의 마케팅은 알파세대, MZ세대뿐만 아니라 X세대에게도 유효하다.

퀸잇의 사례를 보자. 퀸잇은 X세대를 타깃으로 한 패션 앱이다. 앱 이외에도 다양한 SNS 콘텐츠를 선보인다. 주로 X세대가 공감할 만한 콘텐츠다. X세대가 디지털 세상에서 콘텐츠를 이해하는 것에 서툴다면

X세대를 타깃으로 한 온라인 마케팅 사례도 많다. (출처: 퀸잇)

퀸잇 같은 사례는 존재할 수 없다. 하지만 콘텐츠를 생산하고, 또 즐길 줄 아는 X세대의 변화가 특성 있는 플랫폼을 만든다.

흥미로운 사실은 이러한 태도가 최근 주목받는 디지털 웰빙이나 디지털 디톡스와 같은 흐름과 연결된다는 것이다. X세대는 기술에 몰입하지만, 그것에 지배받는 일상은 피하려 한다. 스마트폰 사용 시간을 스스로 조절하고, 디지털 기기 없는 하루를 시도하며, 아날로그적 소통의 가치를 되새긴다. 이처럼 디지털을 일상에 통합하면서도 일정한 거리를 두는 태도는 X세대의 자기 성찰적 특성과도 연결된다.

또한 X세대는 관심사에 기반한 공동체 형성에 적극적이다. 과거에는 가족이나 직장에 의해 소속감이 결정되었다면, 이제는 취향과 가치관에 따른 공동체에서 소속감을 찾는다. 책, 음악, 운동, 요리, 반려동물, 환경 등 다양한 관심사를 중심으로 한 모임과 커뮤니티가 형성되고 있으며, 이 안에서 X세대는 단순한 참여자가 아닌 기획자, 운영자, 리더로 활동한다.

이들의 연결 방식은 MZ세대와는 또 다르다. MZ세대가 빠르고 유연하게 확장하는 네트워크를 선호한다면, X세대는 느리지만 깊이 있는 관계를 중시한다. 단기간에 넓어져 내실 없는 관계보다는 장기적 신뢰와 공동의 경험을 중요하게 생각한다. 이는 인간관계뿐 아니라 브랜드와의 관계, 사회와의 관계에서도 마찬가지다.

사회적으로도 X세대의 늦바람은 의미 있는 변화를 만들고 있다. X세대의 도전은 그 자체로 생산적이다. 스스로 활동력 있게 살 수 있는 시간을 부여할 뿐만 아니라, 다양하게 소비하며 사회 전체에 활력을 돌게 만든다. 단순한 자아실현을 넘어 사회에 긍정적인 영향을 미치는 방향으로까지 확대되고 있다.

결국 X세대의 늦바람은 삶의 모든 요소에서 비롯된 것이다. 20대와 30대의 시간을 보상받으려는 시도가 아니다. 삶의 다음 장을 어떻게 채워갈지 진지하게 고민하고, 고민 끝에 나온 해답을 적극적으로 실천하는 움직임이다. 이들은 지금껏 타인을 위해 살아왔던 시간을 스스로 되돌아보며, 남은 시간을 자기 자신을 위해 사용하고자 한다. 그리고 그 방식은 매우 창의적이고, 성숙하며, 공동체적이다.

X세대의 움직임은 늦바람이 아니라 새로운 시작이다. 성찰과 선택, 연결과 창조의 과정을 거친 성숙한 삶의 형태다. 적극성이 없었다면 트렌드의 변두리로 밀려났을지도 모른다. 하지만 X세대는 지금 변화의 방향성을 제시하며 트렌드의 중심으로 걸어 나오고 있다.

X세대가 크리에이터를 꿈꾸는 이유, 4가지 의미로 보는 자기표현

X세대는 오랫동안 기대에 부응하는 세대로 살아왔다. 부모 세대의 기대, 조직의 요구, 사회의 틀 안에서 성공을 꿈꾸며 내달려야 했다. 그 속에서 자신만의 정체성이나 감정, 표현 욕구는 뒷전으로 밀리기 일쑤였다. 하지만 이제 그 억눌려 있던 자아가 수면 위로 떠올랐다. 남들이 만들어놓은 역할 대신 진짜 자신을 마주하고자 하는 움직임이 뚜렷해지고 있다.

이러한 변화는 일상의 사소한 순간에서 시작되곤 한다. 예컨대 20년 가까이 다닌 직장을 퇴직한 어느 50대 여성이 배우기 시작한 도예는 단순한 취미 생활이 아니었다. 물레를 돌리며 흙을 만지는 그 짧은 시간 동안 이 여성은 자신이 타인의 기준 없이 존재할 수 있다는 사실을 깨닫는다. 이처럼 X세대의 자기표현은 도구가 아니라 해방이다. 다음 이야기에 귀를 기울여보자.

"형, 요즘 왜 자꾸 SNS에 시 한 편, 커피 사진 이런 거 올려?"

"몰라, 나도. 근데 그게 요즘 제일 재밌어. 아침에 문득 생각이 떠오르면 써두고, 그날 마신 커피랑 같이 올려. 그냥 좋더라고."

49세 회사원 A 씨는 원래 회식 자리에서조차 말수가 적은 사람이었다. 책임감은 강했지만 감정 표현에는 서툴렀다. 그런 그가 최근 인스타그램에 시와 사진을 올리기 시작했다. 처음에 그는 회사 사람들이 보면 어쩌나 걱정도 했다. 하지만 막상 올리고 나니 댓글 하나에도 감동이 밀려왔다. 어느 날엔 퇴근 후 업로드한 시에 "오늘 내 마음 같아요"라는 댓글이 달렸다. 성취감과 함께 어렸을 때 생각했던 '문학소년'의 자아가 떠올랐다. 그날 이후 그는 시 쓰기를 멈추지 않았다. 그의 피드엔 점점 더 자주 댓글이 올라오기 시작했고, 팔로어는 하나둘 늘어갔다. 요즘 그는 "나도 내가 누군지 조금씩 알 것 같다"라고 말한다.

A 씨의 사례는 표현이 자신과의 대화이자 세상과의 연결이라는 것을 보여준다. 감정을 말로 꺼내는 새로운 삶의 방식이다. 어쩌면 두 번째 사춘기와 같은 느낌이다. 이전까지의 삶이 타인의 시선을 의식하며 설계된 것이었다면, 이제는 자신이 스스로의 설계자가 되고자 한다. 좋은 아내, 괜찮은 부모, 뛰어난 직장인이 되어야 한다는 외부 시선이 떠오른다. 이 시선에 스스로를 맞추던 시간이 있었다. 하지만 이제는 본질적 질문을 던졌다. 표현은 곧 자아 탐색의 결과이자 자아의 회복과 같다.

저명한 정신분석학자 도널드 위니컷은 "표현은 진정한 자기를 발견하게 한다"라고 말했다. 진정한 자신이란 사회적 자신과는 다른, 가장 근본적인 감정과 사고의 원형이다. X세대는 이제야 진짜 나를 만나는 중이다. 사실 늦었다. 책임감 때문에 미뤄둔 아쉬움이 있다. 하지만 이제라도 만남을 시작해서 다행이다. 더 늦었다면 만남조차 어려웠을 테니 말이다.

최근 X세대 배우들의 유튜브 채널 개설이 이어지고 있다. 이들 대부분은 과거 신비주의 전략으로 연기나 광고에서만 만날 수 있었던 배우들이다. 하지만 대중적인 채널이라고 할 수 있는 유튜브 채널을 개설하고, 꾸밈없는 모습을 보여준다. 특히 자신의 관심사에 대해 적극적으로 이야기하며 공감을 이끈다. 이런 사례가 계속 이어지고 있는 게 과연 우연일까? 앞서 지적한 대로 X세대는 자기표현을 시작했다.

X세대 배우들의 연이은 유튜브 공략은 과연 우연일까?(출처: 유튜브)

배우들의 유튜브 역시 자기표현이다. 그리고 이런 자기표현이 작품보다 더 큰 공감을 얻을 수 있다는 사실을 이들은 잘 알고 있다.

흥미로운 사실은 X세대의 자기표현이 MZ세대나 알파세대와는 다르다는 것이다. MZ세대와 알파세대의 자기표현은 콘텐츠에 가깝다. 빠르게 소비되고, SNS와 같은 뉴미디어를 만나 대화의 재료로 활용되는 경향이 있다. 하지만 X세대의 자기표현은 깊은 감정의 기록에 가깝다. 브런치, 블로그, 뉴스레터, 1인 출판 등을 통해 경험을 서사화한다. 때로는 기억을 아카이빙하고, 삶의 방향성을 정리한다. 물론 트렌드에 동참하고 외부 행사에 참여하기도 한다. 하지만 X세대의 자기표현은 트렌드 적응만큼 일상의 구조 자체를 새롭게 구성하고 말하려는 노력의 비중이 크다.

표현하는 방식은 감각적 욕망으로도 드러난다. 옷을 떠올리면 이해가 쉽다. 단순히 유행하니까 입는 옷은 없다. 옷이 지금의 나를 가장 잘 설명하기 때문에 입는다. 나를 대변하는 소비, 나를 설명하는 취향, 나를 표현하는 공간 구성도 신경 쓴다. 자기표현은 삶의 전반을 관통하는 주제로 확장된다. 이게 바로 X세대가 큰손인 또 다른 이유다.

X세대를 큰손으로 부르는 대표적 이유는 경제적 특성이다. 자녀 양육 같은 사회적 책임에서 서서히 벗어나는 나이대기 때문에, 그간 축적해온 사회적 경험에 따라 MZ세대보다 경제적으로 부유하다. 그래서 한 번에 소비할 수 있는 단위도 큰 편이다. 큰손으로 모셔야 한다는 인식이 곳곳에 퍼져나가게 된 건 우연이 아니다. 하지만 큰손이 되려면 단순히 부유한 것만으로는 부족하다. 실제로 돈을 쓰는 명분을 살펴야 하는데, X세대의 명분은 확실하다. 나를 대변하는 소비다. 또 나를 말하는 소비다. 가장 중요한 '나'의 존재감이 있다. 명분이 확실하다.

뷰티 회사인 세포랩은 아예 중장년층 배우를 모델로 기용했다. 시작부터 구매력이 있는 X세대의 자기표현에 주목하고, 공감 지수가 높은 모델을 선정한 것이다. 판단은 적중했다. 다소 높은 가격대임에도 불구하고 하루 최고 판매액 22억 원을 기록하는 등 폭발적인 반응을 얻었다.

명분이 확실한 X세대의 소비를 다각도로 자극해야 한다.
(출처: 세포랩)

X세대의 자기표현에는 다른 특징도 있다. 바로 경험의 개인화다. 누구보다 많은 경험을 지닌 X세대는 자신만의 문법으로 표현하는 일에 익숙하다. 예컨대 은퇴 후 사진을 시작한 한 남성은 지역 시장을 돌며 노포의 모습을 찍었다. 하지만 다른 어떤 이는 지역 시장을 돌아다니며 맛집 모음 포스팅을 만들었다. 또 다른 이는 자신이 찍은 간단한 영상을 유튜브에 올리

고, 가벼운 마음으로 지인과의 단톡방에 공유한다. 이처럼 각자 편한 방식을 택한다. 대세에만 치중하는 방식은 없다. 자신만의 문법이 가장 잘 통하는 공간을 찾는다. 그래서 MZ세대보다 오히려 더 다양한 뉴미디어에 분포해 있다.

자기표현의 방식으로 표출되는 경계 허물기도 주목할 만하다. X세대는 더 이상 "이 나이에 이런 걸 해도 되나?"라고 질문하지 않는다. 오히려 '이제라도 해보지 않으면 후회할 것 같다'라는 판단 아래 움직인다. DJ로 변신한 50대, 패션모델을 꿈꾸는 50대 후반, 첫 유튜브 채널을 연 60대도 있다. 자기표현은 나이의 경계를 무너뜨리고 있다. 이 흐름은 단지 사회적 편견을 깨뜨리는 데 그치지 않고, 특정 세대의 고정된 이미지를 해체하는 데도 큰 역할을 한다.

X세대의 자기표현은 공동체성과도 연결된다. 단지 혼자만의 감정 표현이 아니라 다른 이들과의 연결 지점을 찾는 행위다. 이를테면 중년의 고민을 다룬 글이 또 다른 이들에게 위로와 공감을 줄 때, X세대의 표현은 개성을 드러내는 차원을 넘어 연대를 창출한다. 자기표현은 공감을 통해 같은 세대의 감각을 회복시키는 수단이 된다. 이러한 흐름은 디지털 환경에서도 이어진다. 과잉된 정보 속에서 무분별한 표현보다는 진정성 있는 서사를 선택한다. 유튜브 채널에서 '조용한 브이로그'나 '감정 일기장' 같은 포맷이 인기를 끄는 이유다. 그 안에서 X세대는 정제된 언어와 감각을 통해 자기표현을 지속적으로 확장한다.

결국 X세대의 자기표현은 단지 자신을 보여주는 활동이 아니라 삶의 동력이다. 존재를 증명하고, 또 존재를 회복하는 고마운 일이다. X세대에게 자기표현은 더 이상 선택이 아니라 필수다. 억눌려 있던 자아는 이제 침묵하지 않는다. 조용히, 하지만 확실하게 자신을 말한다. 그리고 이 흐름은 우리 사회 전체가 주목해야 할 새로운 트렌드가 되고 있다.

커머스를 바꾸다:
X세대의 '관계 중심' 소비

"요즘 누가 가장 많이 소비해요?"라는 질문에 많은 브랜드가 아직도 20대와 30대의 이름을 가장 먼저 꺼낸다. MZ세대다. 하지만 실제 지갑을 여는 사람들, 그리고 가장 오랫동안 브랜드를 기억하고 반복적으로 소비하는 층은 바로 X세대다. 조용하지만 강하다. 자신만의 소비 철학과 기준을 바탕으로 브랜드와 제품을 고르고 다시 찾는다. 지금 커머스의 중심축이 서서히 이동하고 있다. 의미 있게 지갑을 여는 세대를 겨냥하는 것이다. 그래서 여기서는 앞서 간략하게 언급한 X세대와 소비에 대해 이야기하겠다.

통계청 자료를 보면 국내 온라인 쇼핑 전체 거래액 중 X세대 소비자의 비중은 약 26%가 넘는다. 20대와 30대보다 오히려 높은 수준이다. 특히 리빙, 건강식품, 취미 관련 제품군에서 X세대의 소비 비중이 빠르게 증가하고 있다. 이들은 단지 구매만 하는 것이 아니라 브랜드와 정서적 관계를 맺고 적극적으로 반응하며 다양하게 행동한다.

구매력을 갖춘 세대인 X세대는 자신의 경험을 소비 기준으로 활

아직도 무신사를 MZ세대의 전유물이라고 생각하는가?
(출처: 무신사)

용한다. 왜 이 제품을 선택했는지를 스스로 납득할 수 있어야 소비한다. 이들의 소비는 즉흥적인 구매가 아니라, 생활의 연장선에 있는 행위다. 브랜드와 상품을 활용해 자신의 삶을 더 풍요롭게 만드는 데 집중한다.

　무신사를 생각해보자. 흔히 MZ세대의 전유물로 알고 있다. 실제로 MZ세대에게 '힙'한 매력을 더해준 주인공이다. 하지만 MZ세대의 전유물이라는 판단은 틀렸다. '무신사 스탠다드'의 다양한 제품들에는 X세대를 겨냥한 포인트도 많다. 실제로 X세대 고객들의 피드백을 반영한 디자인을 내놓기도 했다. 단지 사이즈만 키우거나 줄인 것이 아니다. 기존 고객의 리뷰 수천 건을 분석해 어깨선, 소매 길이, 바지 허리핏까지 조정했다. 이 노력은 빠르게 결실을 맺었다. 무신사의 X세대 관련 카테고리 매출은 매년 성장 중이다. 전체 성장률에 영향을 줄 정도다. 여기에 깔끔한 블레이저, 카디건, 캐시미어 스웨터 등 클래식 아이템을 앞세워 '어른의 미니멀리즘'이라는 콘셉트를 세웠다. 실제로 이 카테고리

현대백화점의 '경험'형 전략도 X세대를 겨냥한다. (출처: 현대백화점)

의 판매량은 매 분기 평균 18% 이상 성장하며 무신사 전체 성장률을 견인하는 역할을 하고 있다.

현대백화점에서도 비슷한 교훈을 얻을 수 있다. 현대백화점은 단순한 쇼핑 공간을 넘어 경험을 추구하는 공간을 만들고 있다. 이 전략을 '배려'라고 표현해도 좋겠다. 고객의 경험 니즈를 배려하는 것이니 말이다. 어쨌든 현대백화점에서는 다양한 경험형 프로그램이 열린다. 팝업은 물론이고, 와인 클래스와 같이 특정 관심사에 해당하는 경험도 넘친다. X세대는 현대백화점의 행보에 적극적으로 공감하고 있다. 프로그램 참여는 물론이고, 커뮤니티를 통해 적극적인 바이럴에 나선다. 흔히 무신사를 MZ세대의 전유물로 오해하는 것처럼, 현대백화점과 같은 경험형 공간도 MZ세대나 알파세대를 중심으로 생각한다. 하지만 X세대의 참여와 반응은 MZ세대와 알파세대보다 뜨겁다.

이러한 변화는 브랜드가 소비자를 리드하는 시대에서, 소비자가 브랜드와 직접 호흡하는 시대로의 이동을 의미한다. X세대는 단지 돈 쓰는 사람들이 아니다. 브랜드에 대한 크리에이터이자 기획자 역할을 수행하고 있다. 이 변화는 생각보다 훨씬 중요하다. X세대와 기업의 관계가 수평적으로 변화했다는 것을 뜻하기 때문이다.

과거 X세대는 일방적 공급의 시대를 살았다. 기업이 공급하면 소비했다. 생각이 다르다고 한들 전할 창구가 없었다. 그래서 X세대와 기업의 관계는 수직적이었다. 이 상황은 브랜드를 매너리즘으로 이끌었다. 분명 세상은 변하고 있었다. 브랜드는 시장 상황의 변화를 알면서도 대응하지 않았다. 과거의 경험상 X세대는 독단적인 공급에도 어김없이 반응했기 때문이다.

하지만 X세대가 트렌드의 전면에 나서며 모든 상황이 뒤집혔다. 자신을 제대로 바라보기 시작한 X세대는 더 이상 재미없는 공급에 반응할 수 없었다. 오히려 적극적인 의견으로 자신들의 이야기를 상품에 반영하고자 하는 의지를 드러냈다. 브랜드는 더 이상 기업이 혼자 만들어가는 게 아니다. 브랜드에 대한 X세대의 관심을 듣고 적정 수준에서 소통하는 기업만이 살아남는 환경이 도래했다.

한화손해보험은 X세대를 중심으로 소비자 평가단을 구성하는 행보를 보였다. 생생한 의견을 청취해 상품, 서비스에 반영하겠다는 것이다. X세대 평가단의 가치는 보험사에서만 인정하는 게 아니다. 서비스, 유통, 금융 등 다양한 분야에서 X세대의 의견을 듣기 위해 다양한 창구

보험사에서 X세대 평가단을 운영하는 이유는 뭘까?(출처: 한화손해보험)

를 마련하고 있다. X세대는 MZ세대나 알파세대보다 오히려 적극적으로 브랜드나 기업을 바꾸고자 한다. 이런 움직임으로부터 긍정적 영향력을 끌어내기 위한 시도가 전방위적으로 이뤄지고 있다.

그렇다면 브랜드나 기업이 X세대를 포착하지 못할 때는 어떤 일이 벌어질까? 간단하다. X세대는 내가 직접 만들겠다고 생각한다. 실제로 최근 몇 년간 X세대 창업자 수는 30% 넘게 증가했다. 콘텐츠 기반 브랜드, 뷰티 브랜드, 감성 중심의 키친웨어 브랜드 등 분야도 다양하다. 이들의 상품 설명에는 언제나 브랜드를 만든 이유에 대한 고민이 담겨 있다. 그간 자신이 겪은 문제를 해결하고자 하는 의지도 담겨 있다. 상품이 아니라 철학을 파는 커머스의 형태다.

X세대는 단지 브랜드를 소비하는 것이 아니라, 브랜드가 갖는 세계관과 정서적 공감대를 소비하고 있다.

"이 브랜드는 내 삶을 이해하고 있는가?"

"이 공간은 나의 리듬을 방해하지 않는가?"

X세대는 이와 같은 질문을 던진다. 트렌디함보다 감도 높은 진정성이 중요하다. 그래서 X세대는 브랜드 세계관 중심 소비자라고 부를 수 있다. 가치 소비라는 트렌드와 공통점이 많다. MZ세대와 알파세대가 주로 공감하는 가치 소비는 보이지 않는 기준을 소비 명분으로 삼는

'그들'의 일상을 이해해야 X세대 고객이 보인다. (출처: 현대카드)

것이다. 이를테면 사회적 가치, 개인의 취향, 가격에 대한 생각 등이 해당한다. X세대가 공감하는 브랜드 세계관 역시 가치 소비라고 할 수 있다. 하지만 MZ세대, 알파세대와 약간의 차이가 있다. 자신의 경험을 토대로 한 가치를 지향한다는 것이다. 물론 X세대가 사회적인 가치를 추구하지 않는 건 아니다. 하지만 자신의 삶의 경험을 더 많이 투영한다. 그래서 이들의 소비가 가치 소비와 정확히 일치한다고 볼 수는 없다.

카드사들은 브랜드 세계관에 대한 X세대의 특성을 반영하기 위해 노력하고 있다. 현대카드는 X세대를 겨냥한 카드를 선보였다. 교육, 의료, 여행, 골프 등 X세대가 선호하는 일상에 혜택을 집중시켰다. 자신을 이해하는 브랜드를 선호하는 X세대는 그간 경험해온 뻔한 혜택에 공감하지 않는다. 일상에서 어떤 행동을 하고 있는지, 그리고 어디에 돈을 쓰고 있는지 이해하길 바란다. 카드사들은 일반적 혜택에서 벗어나 X

세대의 일상을 이해하기 시작했다.

일상을 이해하는 것뿐만 아니라 감성도 이해해야 한다. X세대가 공감하고 있는 감정 언어를 발견하는 일이다. X세대는 감정 언어가 자신과 맞아떨어질 때 지갑을 자주 연다. 브랜드가 기억에 남지 않으면 떠난다. 그러나 한번 정서적으로 연결되면 관계 중심 소비로 이어진다. 단골이 되고, 주변에 추천하고, 브랜드가 어려울 때 다시 찾아온다. 최근 B2C 브랜드 충성도 조사에서 X세대가 다른 연령대 대비 평균 1.6배 높은 순 추천 지수(NPS)를 기록한 것도 이러한 경향을 보여준다.

결국 X세대의 커머스는 관계 중심으로 전환되고 있다. X세대는 관계가 없는 커머스를 떠나고, 경험과 연결, 진정성을 제공하는 브랜드에 머문다. 매우 소란스럽진 않다. 하지만 그들만의 방식으로 강렬한 영향력을 행사한다. 브랜드가 진심으로 누군가의 삶에 들어가길 원한다면, 지금 주목해야 할 세대는 MZ가 아니라 X세대다.

X세대는 정체성 강화를 위해 어떤 선택을 하는가?

A와 B가 있다. 두 사람은 전혀 다른 관점으로 스스로를 바라본다. A는 '이 나이에 내가 뭘 할 수 있을까'라고 생각한다. B는 '이제야 내가 하고 싶은 걸 해볼 수 있겠네'라고 생각한다.

긍정적 사고와 부정적 사고의 차이가 아니다. 과거 기성세대는 일반적으로 A와 같이 생각했다. 자신들의 삶을 은퇴, 노후, 소극적 대응으로 규정한 시선들 때문이었다. 하지만 X세대는 다르다. 제2의 청춘, 나만의 시간 등 달라진 시선으로 은퇴 시점의 삶을 바라보기 때문이다. 그래서 신중년이라는 말이 탄생했다. 좀 더 나이대를 낮춰 생각한다면 '영포티'라는 용어와도 연결된다. 이 변화는 단순한 세대 감성의 변화가 아니다. 사회 전체가 삶의 주기를 다시 설정하고 있다는 뜻이다.

대한민국은 빠르게 고령화가 진행되는 국가다. 트렌드에서 주목해야 할 건, 늙어가는 속도보다 청춘이 연장된다는 사실이다. X세대는 기성세대의 마지막을 담당하는 게 아니다. 오히려 새로운 삶의 첫 세대로 보는 게 맞다. 은퇴를 준비하는 사람이 아니라 과거에 하지 못한 일을 시도하고, 경험하지 못했던 삶을 새롭게 살아가는 힘을 보여주기 때문이다.

이러한 흐름의 배경에는 정체성 변화가 있다. X세대는 자신을 어른으로 여기지 않는다. 단순히 나이 많은 사람으로 불리기를 거부한다. 대신 부모, 동료, 창작자, 소비자, 학습자 등 다양한 역할로 인식되길 바란다. X세대는 물리적 나이보다 삶의 의미를 먼저 찾는 사람들이다. 50세, 60세가 되어서도 여전히 자기다움을 지켜가며 삶을 설계하려는 욕망이 뚜렷하다. 이런 감각이 청춘이 오래 이어지는 사회라는 새로운 개념을 도출한다.

실제 데이터도 이를 뒷받침한다. 통계청에 따르면 최근 5년간 50대 이상의 창업 비율은 35% 이상 증가했다. 특히 퇴직 후 3년 내에 창업을 시도한 비율은 전체 중 47%에 달한다. 이들이 선택한 업종은 카페, 책방, 로컬 푸드 마켓 등 수익보다 삶의 정체성을 투영할 수 있는 분야가 많다. 단지 먹고 살기 위한 일이 아니라 자신을 다시 설명할 수 있는 일을 선택하는 경향이 뚜렷하다.

자신을 정의하고 싶다는 욕망은 단지 새로운 직업으로만 이어지지 않는다. X세대는 새로운 사회적 정체성의 창출자다. 제2의 인생이라는 말이 더는 은퇴 후의 취미 생활을 뜻하지 않는다. 또한 적당한 재취업 교육을 통해 단순히 사회생활을 이어가는 것을 뜻하지도 않는다. 지금의 X세대는 새로운 직업군을 창조하고, 기존의 역할 구도를 재구성하며, 삶의 의미를 중심으로 사회적 기여 방식을 찾는 데 적극적이다. 공공 기관의 마을 활동가, 지역 콘텐츠 기획자, 시니어 창작자, 중장년 전환 교육 강사 등 X세대가 종사하는 새로운 직무가 등장하고 있는 것도 이런 이유 때문이다.

중년의 사회적 실천은 커뮤니티 기반으로도 확장되고 있다. 50~60대가 운영하는 독서 모임, 철학 세미나, 지역 워케이션 공동체 등은 단지 취미 활동이 아니다. 지역 문화와 결합해 새로운 소통 방식을 창조하며, 타인과 함께하기 위한 배움의 실천이다.

사회적 실천은 공동체 내에서 더 큰 의미를 가진다.

특히 1인칭이 강조되는 SNS 환경 속에서도 이들은 함께 있는 삶의 가치를 꾸준히 실천한다. MZ세대, 알파세대와는 확연히 구분되는 특성이다. 어떤 측면에서는 커뮤니티형 마케팅이나 바이럴에 매우 적합한 세대라고 볼 수도 있다.

앞에서 잠깐 지적했지만, X세대 기반 커뮤니티 서비스는 상당한 인기를 끌고 있다. 교육 프로그램을 기반으로 하는 기관에서도 커뮤니티 활동을 지원하는 사례가 많다. 원하는 주제로 모임을 만들고 활동할 수 있도록 지원하는 것이다. 아예 '중장년 청춘문화 공간'이라는 이름으로 프로그램을 운영하는 사례도 있는데, 단순히 취미 생활을 지원하기 위한 커뮤니티가 아니라는 점을 생각해야 한다.

X세대는 관계의 기술을 가진 세대다. 빠른 디지털 커뮤니케이션보다 심층적 대화에, 즉각적 반응보다는 서사 중심 교감에 익숙하다. 이들은 사회가 잊고 있던 관계의 지속성과 정서의 밀도를 복원한다.

이는 최근 플랫폼 기업에서 X세대 고객층을 전략적으로 활용하는 방식과도 연결된다. 단순히 소비 타깃이 아니라, 콘텐츠 평론가이자 서비스 큐레이터로서의 잠재력이 강조되면서 이들을 브랜드의 장기 파트너로 바라보는 흐름이 생겼다. 브랜드 입장에서는 바이럴 활동에 나서 줄 수 있는 고마운 존재다. MZ세대와 알파세대가 속도감 있게 바이럴에 나서는 존재라면, X세대는 속도는 느리지만 좀 더 꾸준하게 브랜드를 지원할 수 있는 가능성이 있다. 브랜드는 오래 가는 청춘을 꿈꾸는 X세대를 반드시 잡아야 한다. MZ세대와 알파세대가 중요하지 않다는 뜻이 아니다. 각각 세대별 특성에 따라 다른 방식으로 브랜드에 대한 애정을 드러내니 모두 잡아야 한다는 것이다.

　건강, 여행, 배움에 대한 소비 역시 단순한 활동 그 이상이다. 다음은 X세대가 생각하는 가치를 간단히 도식화한 것이다.

> 1. 건강 수치 < 컨디션
> 2. 풍경을 보는 여행 < 새로운 경험을 하는 여행
> 3. 새로운 배움 < 내가 성장하는 배움

　이러한 태도는 경험에 기반한 소비 성향으로 이어지며, 커머스와 콘텐츠 업계는 이 특성을 반영한 맞춤형 제품과 프로그램을 연이어 출시하고 있다.

　도식화한 내용의 두 번째 항목을 다시 보자. 단순히 방문에 그치는 여행이 아니라 스토리가 풍부해서 몰입할 수 있는 여행이 필요하다. 과거 우리의 여행 목적은 경험보다 방문이었다. 유명 여행지에 가서 남긴 사진 몇 장이 여행을 증명했다. 패키지 형태의 여행은 효율성을 보여줬다. 최적의 동선에 따라 정해진 코스를 돌다 쇼핑하고, 이후 사진 찍으면 하루가 지나갔다. 이런 형태의 여행에 X세대는 더 이상 반응하지 않는다. 여행은 새로운 경험을 위해 떠나는 것이다. 만약 이게 아니라면, 최소한 자신이 생각해둔 여행의 목적이 있을 것이다. 경험과 목적에 따라 나만의 여행을 떠난다. AI의 도움도 받을 수 있으니 굳이 누군가가

미리 짜놓은 동선을 생각할 필요도 없다. 사진만큼이나 중요한 경험의 기억을 남긴다. X세대가 선호하는 여행의 방향성은 달라졌고, 모든 업계는 이 사실에 주목하고 있다.

X세대는 도파민보다 감동을 노린다. 감동을 느끼는 포인트는 사람마다 다르겠지만, 스토리 기반의 프로그램이 몰입과 생각을 유도한다는 사실은 확실하다. 자신의 이야기를 투영해 생각할 수 있는 환경을 만든다. 이후 특별한 맥락을 따라갈 수 있는 기회를 제공한다면 X세대는 청춘의 감성으로 화답할 것이다.

문화예술 역시 X세대의 세계관과 맞물려 진화하고 있다. 예술은 더 이상 젊은 감성의 전유물이 아니다. X세대의 문화 감수성은 단순한 향유자가 아닌 함께 완성해가는 존재로 이동하고 있다. '미술관에서 듣는 시', '시니어 필름 리뷰 클럽', '중년의 음악 창작 워크숍' 등은 그 자체로 새로운 창작의 흐름이며, X세대가 문화 영역에서 충분히 힘을 발휘할 수 있다는 사실을 증명한다.

롯데홈쇼핑은 문화 공연 전문 라이브커머스를 운영한다. 시청자와 함께 공연, 영화 등 문화생활을 즐기는 콘셉트로 콘텐츠를 전개한다. 주 소비층은 X세대다. 해당 커머스 전체 주문의 절반 이상을 차지하는 세대 역시 X세대다. X세대의 끝나지 않는 청춘 감성을 더해주는 수단이 바로 문화예술이

문화 감성에 대한 기업들의 관심은 이미 시작되었다.(출처: 롯데홈쇼핑)

다. 따라서 이 분야에 대한 소비는 앞으로도 계속 주목할 필요가 있다.

X세대는 단지 늦은 청춘이 아니다. 새로운 정체성과 감각을 실험하는 가장 역동적인 세대이며, 더 나은 삶을 꿈꾸는 어른이다. 사회는 이들을 부양하거나 보호할 대상으로 여기는게 아니라, 새로운 사회 트렌드를 함께 창조하는 파트너로 인식해야 한다. X세대는 이미 무대 뒤편이 아닌 중심 위로 올라왔다. 청춘은 나이로 정의되지 않으며, 인생의 곡선은 정점을 찍고 하강하는 게 아니라 일정 주기로 회전하는 모습으로 달라졌다.

이 시점에서 X세대를 다시 바라볼 필요가 있다. 삶의 밀도를 높이고 경험의 자산을 다르게 만드는 이 세대는 단순한 소비자가 아니다. 감각을 아는 세대고, 사회적 책임감을 실천하는 세대다. MZ세대, 알파세대와는 다른 모습으로 소비의 중심 역할을 수행한다. 기업과 브랜드의 흥망성쇠를 좌우하는 캐스팅보트 역할을 리드하기도 한다. 이들의 움직임을 관찰하는 것은 곧 우리가 어떤 사회를 살고 있는지에 대한 힌트를 얻는 일이기도 하다. 2026년의 우리는 더 역동적으로 변모할 X세대를 지켜봐야 할 것이다.

CONSUMPTION TRENDS

4
CONSUMPTION

극실용주의와
초개인화 시대

TRENDS + −

광고보다 리뷰를 찾는 이유,
극실용주의 시대를 준비하는 3가지 변화

요즘은 많은 사람이 구입할 물건을 고를 때마다 유튜브 검색부터 한다. 나도 얼마 전에 무선 청소기가 필요했는데, TV나 온라인 광고보다 유튜브 리뷰어들의 실사용 후기가 눈에 들어왔다. 광고는 좋은 말만 하는 것 같은데, 리뷰는 내게 필요했던 정보를 정확히 말해줬기 때문이다. 결국 리뷰를 보고 한 가지 제품을 골랐다. 이유는 단 하나, 원하는 청소 목적에 맞았기 때문이다.

인스타 감성 쇼핑은 어떨까? 아마 많은 이가 인스타 감성으로 구매했다가 후회한 경험이 있을 것이다. 그래서 인스타그램도 달라졌다. 솔직하고 담백한 후기나 리뷰가 힘을 발휘하고 있다. 사람들은 이제 가장 객관적인 리뷰를 보고 제품을 구매한다.

2026년 트렌드의 소비는 이렇게 변했다. 감동보다 실속, 인상보다 명확함이다. 사람들이 원하는 건 예쁘고 감성적인 말이 아니라, 지금 나의 문제를 정확히 해결하는 설명이다. 이제 사람들은 '뭐가 좋은지' 묻는 대신 '왜 사야 하는지'에 대한 해답을 스스로 찾는다. 우리가 목적의 시대를 살고 있다는 증거다.

한때 마케팅의 키워드 중 하나는 감성이었다. 기억이나 감동 등 사람들이 잘 알고 있는 감성 키워드도 있었고, 기업이나 브랜드가 창조한 감성도 존재했다. 우리의 생태계로 들어오라는 손짓이 후자에 해당하는 대표적 감성이다. 브랜드는 끊임없이 감정에 호소했고, 소비자는 마음이 흔들리는 대로 구매했다. 하지만 이제 시장의 감각은 분명히 달라졌다. 소비자는 이제 감성보다 문제 해결을 원한다. 팔리는 것은 자신의 문제를 해결해준 제품이나 서비스다. 그래서 나는 2026년의 트렌드를 목적, 즉 '극실용주의' 시대라고 정의한다.

이런 변화의 배경에는 여러 가지 요소가 있다. 첫 번째는 코로나19 팬데믹이다. 팬데믹은 사람들로 하여금 감성이 아니라 생존을 고민하게 만들었다. 이성적인 판단이 중요해진 흐름은 감성의 시대를 강제로 끝냈다. 생존을 위한 정보, 즉 가장 필요한 정보들이 공유되는 환경이 펼쳐지게 된 것이다.

두 번째는 인플레이션이다. 가격에 대한 민감도를 극단적으로 끌어올렸다. 감정이 개입되는 가격 판단은 다소 이성적이지 못하다. 자신이 가장 좋아하는 브랜드는 비싸도 구매할 가능성이 높은 것처럼 말이다. 하지만 이런 행동은 인플레이션 시대 이전에 가능했다. 인플레이션은 소비의 기준이 엄격해지길 요구했고, 결국 감성은 한 발 뒤로 물러나게 되었다.

세 번째는 디지털 환경이다. 디지털 환경은 소비자에게 무수한 선택지를 제공하면서도, 선택 기준은 냉정하게 만들었다. 누구나 자신에게 맞는 것을 빠르게 선택하려 한다. 하지만 불가능하다. 뉴미디어에는 정보가 너무 많기 때문이다. 선택의 피로도가 빠르게 쌓인다. 어떻게든 이 문제를 해결해야 했다. 선택의 피로 속에서 사람들은 더는 브랜드의 이야기를 듣지 않는다. 대신 필요성과 효율성 같은 실용적 질문을 던진다. 마케팅은 여전히 이야기 중심이지만, 소비자는 더 이상 뻔한 이야기에 현혹되지 않는다. 기업과 브랜드 중심의 이야기보다 자신의 삶을 어떻게 바꿀 수 있는지가 중요하다. 이것이 바로 목적 중심 소비다. 제품의 철학보다 기능, 브랜드의 스토리보다 내가 당장 누릴 수 있는 효과를 우선시한다. 그 어떤 수식어도 목적을 정확히 설명하지 못하면 소비를 이끌어낼 수 없다.

삼성증권은 뉴미디어를 매우 잘 활용하고 있다. 다양한 콘텐츠를 통해 고객들과 소통하는데, 핵심은 정보다. 투자와 관련된 정보를 빠르게 소비할 수 있도록 돕는다. 투자 정보는 돈과 연결되어 있다. 그래서 주목도가 높을 수밖에 없는 정보인데, 빠르게 습득할 수 있다니 더 좋다. 뉴미디어를 영리하게 활용하여 폭발적으로 성장한 삼성증권의 유튜브는 목적에 대한 대중의 트렌드를 정확히 읽은 사례다.

숏폼의 의미를 더 살리려면 효과를 설명해야 한다. (출처: 삼성증권)

삼성증권의 사례에서 볼 수 있듯 콘텐츠도 달라지고 있다. 한때 사람들은 브랜디드 콘텐츠에서 감성적 연출을 기대했지만, 요즘은 단 몇 초 안에 해결 가능한 문제를 설명해줘야 반응한다. 특히 Z세대와 알파세대는 광고를 싫어한다. 대신 자신들의 상황을 개선하는 해결책을 소비한다. 그래서 브랜디드 콘텐츠조차 노골적으로 제품이나 서비스의 유용함을 설명해야 한다. 목적 없는 연출은 스킵(건너뛰기)을 부를 뿐이다. 다만 기업과 브랜드 중심의 스토리가 아닌 대중적 스토리 연출은 여전히 좋은 선택이다. 내가 말하는 문제적 감성적 연출은 대중의 흐름을 읽지 못한 지극히 일방적인 스토리를 가리킨다.

실용성 중심의 소비는 경기 불확실성과 맞물리며 더욱 뚜렷한 양상을 보이고 있다. 홈쇼핑과 라이브커머스의 핵심은 콘텐츠였다. 콘텐츠를 통해 사람들의 체류 시간을 늘린다. 오래 보면 구매할 가능성이 높아진다. 이 사실은 대체로 맞았다. 그래서 다양한 콘텐츠형 라이브커머스가 주목받았다.

하지만 2026년의 양상은 조금 다를 것으로 예상한다. 대중이 원하는 정보를 빠르게 전달하고, 소비를 결정하는 시점을 앞당기는 것이다. 지금 대중은 '이 가격에 이 기능이면 충분하다'라는 판단을 내리는 데 능숙하다. 그러니 구매할 사람은 빠르게 유도하고, 구매하지 않을 사람은 다른 정보에 노출되게 만드는 선별적 전략을 구사해야 한다.

가까운 곳에 이해를 돕는 사례가 있다. 네이버는 쇼핑 탭을 '네이버플러스 스토어'로 개편했다. 아예 어플을 독립적으로 론칭하며 네이버플러스 스토어에 힘을 줬다. 쇼핑 관련 서비스들이 잘되고 있기 때문일 것이다. 네이버는 네이버페이와 연계한 결제 서비스를 제공하고, 각종 제휴를 통해 배송 서비스를 개선하며 쇼핑 카테고리를 크게 진화시켰다. 이런 전략들이 네이버플러스 스토어의 성장에 영향을 줬겠지만, 간편한 가격 비교에 대한 이슈를 무시하기 어렵다. 네이버는 그간 쇼핑 서비스를 통해 직관적인 가격 비교를 제공했다. 검색만 하면 같은 제품

네이버가 네이버플러스 스토어에 집중하는 이유는 뭘까?(출처: 네이버)

을 어디서 가장 저렴하게 구매할 수 있는지를 알 수 있었다.

이런 기조는 네이버플러스 스토어에서도 마찬가지인데, 극실용주의를 추구하는 현 시점의 트렌드와 정확히 일치한다. 실용적 정보는 언제나 필요하다. 하지만 모두 검색해 비교하려니 귀찮고 시간이 없다. 이 과정을 네이버플러스 스토어가 대신 해준다.

로켓와우를 서비스하는 쿠팡의 사례도 실용주의와 일치한다. 무료 배송과 빠른 반품, 즉 '불편함의 제거'가 실용성의 핵심이 된 것이다. 사람들은 제품을 얼마나 빠르고 스트레스 없이 경험할 수 있는가를 중시하게 됐다. 이는 실용성의 기준이 제품을 넘어 서비스 경험 전체로 확장되고 있음을 뜻한다.

로켓와우는 그야말로 실용주의의 결정체다.(출처: 쿠팡)

인상적인 서비스 경험에 노출된 사람들은 쉽게 이탈하기 어렵다.

실제로 로켓와우 구독비가 인상된다는 소식이 전해지며 많은 사람이 이탈할 것이라는 예상이 이어졌다. 하지만 방금 언급한 대로, 나는 실용성 있는 서비스에 익숙해진 사람들이 지나치게 큰 폭의 가격 상승이 아니라면 이탈하기 어려울 것이라고 예상했다. 내 생각대로 로켓와우 회원 수는 큰 폭의 흔들림을 겪지 않았다.

심지어 트렌드가 매우 중시되는 패션과 뷰티 영역에서도 실용성은 강력한 변수로 작동한다. 화려한 패키지보다 성분, 후기 기반의 실용적 정보가 큰 영향을 미친다. 인스타그램에서 만난 예쁜 제품보다 후기 평가가 좋은 제품을 선택하는 것이다. 이처럼 실용성은 감각마저 수치화하는 새로운 기준을 제시한다.

우리는 이미 유명 뷰티 브랜드가 다이소나 대형 마트에 세컨드 브랜드를 론칭하는 사례를 흔하게 보고 있다. 이 전략의 핵심에는 기능이 있다. 중요한 기능을 강조하고, 해당 기능만 필요한 사람들에게 저렴한 가격으로 공급하는 것이다. 물론 기능이 다양하다는 건 나쁜 일이 아니다. 하지만 극실용주의 트렌드에서는 원하는 것만 고를 수 있는 형태가 더 의미 있게 느껴진다. 가성비 뷰티는 저마다 핵심 기능 1가지를 강조한다. 단순히 가격만 낮춘 게 아니라 실용적 전략이 숨어 있다.

극실용주의 흐름 속에서 정보를 교환할 수 있는 커뮤니티는 더 큰 힘을 발휘하게 될 것이다. 살아 있는 정보를 교환할 수 있는 장은 누구에게나 큰 영향을 미칠 것이다. 또한 각종 리뷰 콘텐츠 역시 지속적으로 확장할 것으로 보인다.

다만 과거보다 리뷰 콘텐츠들이 세분화될 것이다. 극실용주의

유명 브랜드가 저가 세컨드 브랜드를 론칭하는 일이 흔해졌다.(출처: LG생활건강)

대중은 본인이 필요한 정보만 빠르게 얻고 싶어 한다. 따라서 1가지 제품이나 서비스를 놓고도 다양한 핵심 포인트를 정해 여러 가지 리뷰를 생산하는 콘텐츠 흐름이 도래할 것으로 보인다. 이 같은 접근은 각자의 니즈를 반영하는 최근 흐름과도 연결되기 때문에 앞으로 리뷰 콘텐츠의 새로운 기준이 될 것이다.

또한 사용자 경험 개선도 지속적으로 중요한 이슈를 몰고 올 것이다. 모든 서비스의 기준은 대중의 스트레스를 줄이는 것이다. 대중의 스트레스를 줄이기 위한 아이디어가 반드시 필요할 것이며, 의미 있는 사용자 경험 개선이 곧 고객 유지와 연결되는 트렌드가 핵심으로 자리매김할 것으로 예측한다.

다만 이 챕터에서 지속적으로 강조한 실용적 목적은 다양성의 시

이제는 하나의 기준이 되어버린 제로를 생각하면 이해하기 쉽다.
(출처: 롯데웰푸드)

대를 따라가게 될 것이다. 많은 이가 실용적 목적을 중시하는 건 맞지만 실용성에 대한 기준은 사람마다 다를 수 있다. 따라서 목적은 다양성을 보이게 될 것이라는 뜻이다.

제로 제품을 떠올려보자. 제로 제품을 선택하는 이유는 대부분 건강 때문이다. 웰니스 트렌드와 연결되는 지점이다. 하지만 건강이라는 단어가 너무 광범위하다. 어떤 지점에서 건강을 추구하는지, 또 어떤 목표를 위해 건강을 추구하는지 모호하다. 이렇게 광범위한 개념인 건강이라는 단어 자체가 어떤 이들에겐 목적일 수 있다. 세부적으로 파고들면 관심 분야는 사람마다 다를 수 있겠지만, 약간의 변화를 통해 이전보다 건강을 생각할 수 있는 것 자체를 실용적으로 느끼는 것이다. 제로 제품의 범람은 이런 마음을 따라간다.

과거에는 건강을 챙기는 게 쉽지 않았다. 과정도 복잡했고, 관련 제품을 소비하기도 쉽지 않았다. 하지만 이제는 언제 어디서든 쉽게 제로 제품을 구매할 수 있다. 제로 제품을 먹는다고 해서 당장 건강이 눈에 띄게 좋아지는 건 아니다. 하지만 최소한 스스로 생각한 실용적 목표에는 다가갈 수 있으며, 마음의 위안을 얻기 쉽다.

가치에 대한 부분도 실용성의 측면에서 바라볼 수 있다. 자신이 추구하는 가치와 일치하는 제품이나 서비스에 돈을 쓰는 일이다. 사실 가치에 대한 공감은 딱히 실용적 측면이 없다고 생각하기 쉽다. 하지만 가치란 스스로에게 뿌듯함을 선사하며, 공동체에서 자신을 의미 있는 존재로 만들어준다. 이런 중요한 일을 쉽게 선택할 수 있는 소비로 달성할 수 있다면 충분히 실용적인 것 아니겠는가? 그래서 가치 소비 역시 선택하는 사람이 많아지고 있다. 친환경 제품 1개를 구매했다고 가정해보자. 누군가에게는 단순히 제품 1개를 구매한 것일 수도 있지만, 가치에 공감하는 다른 이에게는 공동체에서 더 의미 있는 존재가 되는 순간이다. 눈에 잘 보이지 않는 공감대가 이렇게 실용적 역할을 할 수 있다는 사실에 주목하라.

테토남? 테토녀?
정체성을 추천하는 개인화의 핵심 요건 3가지

MBTI에 이어 이제는 '테토-에겐 성격유형(이하 테토-에겐)'이 사람들에게 자신의 특성을 알려준다. 성호르몬에 따른 특징을 토대로 성격유형을 판단하는 것이다. 그래서 테스토스테론(남성 호르몬)과 에스트로겐(여성 호르몬)을 붙여 테토남, 에겐남, 테토녀, 에겐녀 같은 말들이 생겨났다.

자칫 잘못하면 성 정체성에 대한 고정관념을 불러일으킬 수도 있는 이런 유형 분류는 도대체 왜 하는 걸까? MBTI도 그렇지만, 테토-에겐 성격유형에는 현 시점의 트렌드를 살아가는 대중의 마음이 담겨 있다.

성격유형을 안다는 것은 자신의 특성을 손쉽게 파악하는 것을 뜻한다. MBTI와 테토-에겐 성격유형 모두 직관적으로 특성을 알려준다. 자신의 특성뿐만 아니라 타인의 특성도 어렴풋이 예상할 수 있게 해주므로 타인을 이해하는 방식 중 하나로 활용할 수 있다. 그냥 '사람'을 이해하는 게 아니다. 유형에 따라 특성을 이해한다. 즉, 대중적 수준의 개인화가 이뤄지는 것이다.

사람을 이해하는 지식은 너무 광범위했다. 모든 사람에게 적용하기에는 부족함이 많았다. 물론 MBTI와 테토-에겐도 무조건 옳고 무조건 적용 가능한 건 아니다. 하지만 과거보다 개별적인 특성을 이해하기 쉬운 건 맞다. 이처럼 지금의 대중은 개인화를 열망한다. "다 그렇다"라는 말은 전혀 매력적이지 않다. "너이기 때문에 그렇다"라는 말을 듣고 싶어 한다. 그러니 개인화된 유형 판단에 계속 끌린다. 테토-에겐 열풍이 지나가면 또 다른 유형의 성격 판단 지표가 나올 것이다. 그렇게 계속 주변 지인들을 개인화된 방식으로 이해하게 된다.

상황이 이렇다 보니 당신의 취향을 알고 있다는 말은 이제 매력적이지 않다. 대신 당신의 정체성을 이해했다고 말해야 한다. 개인화 마케팅은 관심사 수준에서 멈추지 않는다. 삶의 태도, 신념, 관계 방식, 상황에 따른 행동 패턴까지 파악하고 그에 기반해 제품과 콘텐츠를 제안한다. 단순히 좋아할 만한 것을 보여주는 것이 아니라, 고객이 어떤 사람인지에 대한 예측을 바탕으로 소비를 유도하는 것이다. 다양한 정보를 쉽게 수집하고 정리해 의미를 도출할 수 있는 AI가 이 변화에서 중요한 역할을 한다.

변화의 중심에는 정체성과 소비 간의 밀접한 관계가 있다. 사람들은 소비를 통해 자신을 표현한다. 더 나아가 소비는 자신이 되고 싶은 사람을 실현하는 방식이다. 그래서 추천 알고리즘은 단지 취향 기반 필터가 아니라 정체성 기반 큐레이션으로 작동하기 시작했다. 예컨대 넷플릭스는 단순히 사용자가 좋아하는 장르가 아니라 시청 패턴과 몰입도, 선택 경향 등을 분석해 사용자가 어떤 사람인지 파악하려 노력한다. 이 결과는 콘텐츠 추천에만 그치지 않는다. 브랜드 캠페인의 타깃팅, 오프라인 경험 설계, 콘텐츠 개발까지 영향을 미친다.

이커머스 플랫폼 역시 마찬가지다. 요즘 인기 있는 앱들은 쇼핑의 목적을 구매보다 정체성 구성으로 본다. 마이테레사(MyTheresa), 파페치(Farfetch) 같은 인기 있는 해외 커머스 앱은 단순히 제품을 파는 것이 아니다. 고객의 취향을 읽고 해당 고객의 삶을 구성한 후 제품을 추천하는 일종의 고객 서사를 판매한다.

국내에서도 지그재그 등은 단지 상품을 나열하지 않는다. 유저가 어떤 사람인지를 묘사한 뒤 그에 어울리는 스타일을 큐레이션한다. 여기엔 AI 기반 추천 알고리즘도 포함되지만, 그 이전에 기획자가 설계한 정체성에 대한 이해가 자리한다.

정체성 이해는 중요한 개념이다. 고객을 나이, 성별, 취향 등으로 구분하는 것이 아니라, 하나의 서사를 살아가는 인물로 설정하는 방식이기 때문이다. 굳이 마케팅에서 예시를 찾는다면 고객 페르소나와 비슷

ZIGZAG

지그재그의 큐레이션은 정체성이 중심이다. (출처: 지그재그)

하다고 볼 수 있다. 다만 고객 페르소나는 이상적인 고객을 설정하는 것이고, 정체성 시나리오는 다양한 정보를 통해 고객 그 자체를 구현한다는 점에서 차이가 있다.

예를 들어 브랜드는 성공을 위해 노력하는 자기 계발형 직장인, 감성적 일상을 추구하는 도시형 미니멀리스트, 지역 기반의 지속가능성을 실천하는 로컬 소비자 등 구체적인 시나리오를 만든다. 그리고 이 시나리오별로 콘텐츠를 설계하고, 제품과 서비스의 터치 포인트를 구성한다. 이러한 정체성 이해는 단순한 분류가 아니다. 브랜드가 소비자와 스토리텔링을 공유하고, 더 발전적인 포인트를 함께 고민하는 구조를 형성하는 것이다. 소비자는 자신이 속한 정체성 시나리오 안에서 소비 선택을 한다면, 브랜드는 그 시나리오를 강화하거나 확장하는 방식으로 정체성 마케팅을 수행한다. 이때 AI는 고객의 행동을 예측하는 데 그치지 않고, 고객이 살아가는 이야기를 구성하는 크리에이터가 된다.

'오늘의집'은 사용자 스타일 테스트와 후기 기반 공간 추천을 결합한 맞춤형 인테리어 콘텐츠를 유저에게 제공한다. 사용자에게 공간이란 취향의 결합체일 수 있다. 하지만 한편으로는 어떤 삶을 살고 싶은지, 이 삶을 위해 어떤 요소가 필요한지에 대한 고민이 담긴 콘텐츠이기도 하다. 인테리어에서 정체성 기반 접근이 꼭 필요한 이유다.

이처럼 정체성 기반 개인화는 상품 선택을 돕는 기능이 아니다. 삶에 대한 정체성을 이해하고 제안하는 일은 소비자가 더 오래 머무를 수 있게 하는 힘을 가진다. 단순한 추천은 금세 피로해지지만, 삶의 방향성과 일치하는 브랜드는 쉽게 잊히지 않는다. 이 때문에 요즘은 제품 자체

관계 형성을 위한 개인화가 중요해졌다. (출처: 오늘의집)

보다 브랜드가 제시하는 라이프스타일이 중요한 마케팅 자산이 된다. 브랜디드 콘텐츠가 단지 제품 설명이 아니라, 그 제품을 쓰는 사람의 하루를 상상하게 만드는 이유도 여기에 있다.

요약하면, 정체성을 중심으로 한 개인화 마케팅은 내가 누구인지를 정의하고 싶은 사람들의 마음과 긴밀하게 연결되어 있다. 그리고 이 마음을 읽는 브랜드는 단순한 판매자가 아니라, 개인의 정체성을 함께 해석하는 동반자 역할을 한다. 앞으로 브랜드는 어떻게 팔 것인가를 고민하는 게 아니라 어떤 라이프스타일을 제안할 것인가를 고민해야 한다.

그렇다면 지금까지 제시한 목표는 AI만 있으면 잘 진행되는 걸까? 그렇지 않다. 다음 3가지 조건을 생각해야 한다.

첫 번째는 정교한 데이터 수집과 해석 기술이다. 단순한 소비자의 구매 이력이나 클릭 데이터를 넘어선다. 심리 상태, 사회적 역할, 감정의 흐름 등 복합적인 요소를 해석할 수 있는 능력을 뜻한다. 어떤 사용자가 평일 오전에는 자기 계발 콘텐츠를 소비하고, 주말 오후에는 감성적인 브이로그를 본다고 가정하자. 이는 단순한 취향이 아니라 평일에는 더 나은 삶을 목표로 성취 지향적 모습을 보이고, 주말에는 휴식을 원한다는 정체성의 힌트일 수 있다. 정교한 데이터 해석은 이처럼 표면 아래의 행동 동기를 파악해야 한다.

두 번째는 공감력이다. 기존 마케팅은 이 제품이나 서비스가 필요할 것이라는 논리로 소비를 유도했다. 하지만 개인화 마케팅은 당신이 어떤 사람인지 알고 있고, 이해도를 바탕으로 이 제품을 선택했다는 공감의 메시지를 전해야 한다. 소비자는 정보보다 이해받고 있다는 감각에 더 반응한다. 그래서 사용자 리뷰가 광고보다 더 신뢰받고, 타인의 경험이 자신의 소비를 이끄는 구조가 탄생한 것이다. 공감은 단순히 따뜻한 표현이 아니다. 소비자의 정체성에 대한 정확한 반영을 뜻한다.

네이버는 지도를 개인화하고 있다. 대표적인 기능이 바로 사용자 맞춤형 장소 추천이다. 사용자 맞춤형 장소 추천 영역에는 플레이스 리뷰로 장소 정보를 노출한다. 사용자는 해당 장소를 체험한 다른 사용자들이 직접 남긴 텍스트는 물론 사진, 클립 등의 다양한 콘텐츠를 참고해 활동 기반에 어울리는 장소를 발견할 수 있다. 다양한 공감이 넘치는 개인화가 이뤄지고 있다. 개인화의 조건에 완벽히 부합한다.

세 번째는 선택의 자율성이다. 아무리 정교하고 공감력 있는 큐레이션이라도 강요처럼 느껴지면 오히려 거부 반응이 생긴다. 사람들은 선택의 순간에 자신이 주도했다는 느낌을 받고 싶어 한다. 브랜드가 소

네이버 지도는 소비자의 자아를 반영하는 방식을 알고 있다.
(출처: 네이버)

비자를 설득하는 것이 아니라, 소비자가 브랜드를 선택했다고 느끼게 만드는 구조가 개인화 마케팅에서 매우 중요하다. 진짜 개인화란, 고객이 스스로 선택했다고 느끼는 경험을 얼마나 설계할 수 있느냐에 달려 있다. 개인화는 강요가 아니다. 추천은 무조건적 설득이 아니라, 선택 가능한 기회를 주는 방식으로 설계해야 한다.

실제 산업 현장에서는 이 조건들을 만족시키기 위한 다양한 시도가 벌어지고 있다.

아마존은 AI 기반의 프리딕티브 로지스틱스를 활용해 소비자가 아직 구매하지 않은 상품을 미리 물류 창고에 배치한다. 이는 '네가 필요로 할 것 같아서 준비해놨어'라는 메시지를 전달하는 개인화다. 하지만 준비해놨다고 해서 강요하진 않는다. 소비자는 자발적으로 선택하는 과정을 빠르게 수행할 수 있다.

유니클로는 전 세계 고객 데이터를 분석해 기후, 체형, 생활 방식에 따라 제품을 세분화해 제안하고 있다. 같은 제품이라도 정체성과 지역성에 따라 큐레이션이 달라지는 방식이다. 즉, 특성을 고려하지 않은 제품을 어디에나 추천하며 강요하지 않는다.

개인화 마케팅은 결국 소비자에게 2가지 방향성을 제시한다. 첫 번째는 당신이 누구인지 질문을 던지는 것이다. 두 번째는 당신은 이런 사람이 될 수도 있다는 가능성을 말하는 것이다.

사람들은 브랜드를 통해 자기 존재를 정의하고자 한다. 2가지 중 어떤 방향이라도 좋다. 정의가 잘될수록 소비는 더 많아진다. 첫 번째 방향성은 X세대 혹은 중장년층 세대가 잘 반응한다. 두 번째 방향성은 MZ세대, 알파세대에서 두드러진다. 특히 MZ세대와 알파세대는 취향이 아니라 정체성으로 콘텐츠를 소비하고 제품을 고른다. 스스로를 정의해야 하는 X세대와는 달리, MZ세대와 알파세대는 이미 자신을 잘 알고 있다. 명확한 색깔을 가진 사람이라는 확신과 함께 소비에 나서는 것이다. 그래서 '나답게 사는 법'에 대한 콘텐츠가 통한다. 마케팅 역시 이 점을 이용해 확신형 문장을 사용하곤 한다.

이 지점에서 AI의 역할은 단순한 자동화 기술을 넘어선다. AI는 데이터 기반의 정체성 분석에 강력한 엔진이 된다. 추천 시스템은 과거 '이런 걸 좋아했으니 이것도 좋아할 것'이라는 논리에 머물렀지만, 이제는 라이프스타일, 가치관, 사회적 행동도 분석해 고객이 꿈꾸는 자신의 모습까지 예측한다. 2026년의 우리는 이렇게 단순 추천을 넘어서는 완전한 개인화의 시대로 접어들 것이다.

이미 세상은 바뀌고 있다. 스포티파이는 단순히 음악을 추천하는 것이 아니라 사용자의 하루 생활 리듬, 기분 변화, 계절적 정서를 파악하여 그에 맞는 정체성 기반 큐레이션을 제공한다. 단순히 즐겨 듣던 음악과 유사한 음악이 아니라, 당신 같은 사람이라면 이 상황에 이런 음악을 듣는다는 높은 수준의 정교함이다.

나이키의 앱은 운동 습관뿐 아니라 사용자의 태도, 목표, 소셜미디어 언급까지 분석하여 운동을 일종의 자기 정체성 실현 과정으로 만들어준다. 웰니스에 공감하며 스스로를 관리하는 세대에게 완벽한 소비 동기를 제공한다.

앞으로 개인화 마케팅은 AI와 함께 인간을 더 깊이 이해하는 기술이 될 것이다. 또한 정체성을 함께 고민하는 시스템으로 진화할 것이다. AI 활용 개인화의 최종 목표는 고객에게 예측 가능한 일관성과 자기 확신의 기회를 동시에 제공하는 것이다. 이는 고객 스스로가 자신이 꿈꾸던 삶의 모습, 또는 자신이 어떤 선택을 반복하는 사람인지를 브랜드를 통해 확인하는 시스템이다. 만약 스스로 반복한 소비 속에서 알 수 있는 정체성이 브랜드의 모습과 일치한다면, 브랜드 충성도는 높은 수준으로 상승할 것이다.

이러한 맥락에서 AI는 단순한 큐레이션 도구가 아니다. AI는 수많은 데이터를 통해 사용자의 행동, 말투, 반응 시간, 이탈 지점까지 분석함으로써 소비자가 인지하지 못한 내면의 성향까지 예측한다. 이는 '당신이 누구인지 당신보다 먼저 안다'라는 차원의 개인화이며, 정체성 기반 브랜드 설계에 큰 도움이 된다.

    향후에는 AI가 단지 상품을 추천하는 것이 아니라 콘텐츠 제작이나 상품 기획 단계부터 타깃의 정체성 시나리오를 반영하는 방식으로 발전할 것이다. 예를 들어 스포츠 용품을 만드는 브랜드는 특정 유형의 자기 계발형 소비자를 정의한다. 대표적으로는 매일 러닝 코스를 기록하는 사람을 생각할 수 있다. 정의가 끝나면 해당 정체성에 맞는 제품을 기획 및 제작한다. 이 과정에서 AI는 과거 사용자 로그, 운동 기록 정보, SNS 데이터 등을 통해 이런 특성을 가진 소비자가 어떤 언어를 선호하는지 정밀하게 분석한다.

    앞으로 브랜드는 고객의 선택을 예측하는 것을 넘어, 고객의 삶에서 어떤 역할을 맡을 것인지까지 계획해야 한다. 그리고 AI는 그 복잡한 인간 삶의 조각들을 데이터로 해석하고, 정체성을 되묻는 질문을 가능하게 만드는 가장 유력한 파트너다. 즉, 정체성을 정의하는 새로운 흐름에서 빠져서는 안 될 필수 요소로 생각하고 더 나은 활용법을 고민해야 할 것이다.

듀프족의 경제학, '가치비' 시대의 생존 요소 3가지

소비의 최우선 기준 중 하나는 가성비다. 얼마나 저렴한 가격에 괜찮은 품질의 제품을 사느냐다. 단순하고 명료한 공식이지만, 경제가 불안정할수록 큰 설득력을 가졌다.

하지만 지금은 이 공식을 넘어서는 흐름이 도래했다. 소비자들은 가격이 싸고 좋다는 이유만으로 지갑을 열지 않는다. 대신 왜 사야 하는지에 대해 진지하게 고민한다. 이 흐름을 대표하는 개념이 바로 가치비다.

가성비가 가격 대비 성능에 초점을 맞췄다면, 가치비는 가격 대비 의미, 신념, 철학 등에 주목한다. 가치라는 단어는 극실용주의와 관련하여 짧게 언급했다. 여기서는 짧은 언급으로 다 말할 수 없었던 가치에 대한 심화 내용을 알아보려고 한다. 가치를 상세하게 알아보는 이유는 가치비가 무척 개인적이기 때문이다. A가 공감하는 가치비에 B는 공감하지 않을 수 있다. 그만큼 가치라는 단어는 극도로 개인적인 개념이어서 개인화 이후에 알아보는 게 이해하기 편할 것이다.

가치비로의 변화는 단지 외부 경제 환경의 변화 때문만은 아니다. 소비자의 심리가 바뀌었기 때문이기도 하다. 매슬로의 욕구 단계 이론을 보면 생존과 안전 단계를 넘은 사람은 '소속감', '자존감', '자기 실현'을 소비로 표현하려 한다. 소속감이나 자존감, 자기 실현은 가치에 해당한다. 2026년 트렌드의 소비자는 생존과 안전에 대한 고민을 넘어섰다. 따라서 제품의 성능보다, 그 제품이 말하는 세계관과 가치에 반응한다. 사람들은 물건을 구매하는 것이 아니라, 자신이 생각하는 가치를 강화하는 경험을 구매한다.

'나는 이런 브랜드를 고르는 사람이야.'

'나는 지속가능한 삶에 투자하고 있어.'

소비를 결정하며 이렇게 생각한다. 다른 사람에게 하는 말이 아니다. 스스로에게 하는 내면의 대사다. 하지만 소비의 핵심으로 작용한다.

다른 사례도 함께 생각해보자. 듀프족이 등장했다. 듀프(dupe)란 복제품을 뜻하는 듀플리케이트(duplicate)를 줄인 말이다. 고가 브랜드 제품과 유사한 품질을 가진 저가 제품을 고르는 트렌드를 뜻한다. 명품 화장품을 만드는 S사가 있다. 그런데 S사 화장품과 외형이 비슷하고 유사한 수준의 원료를 넣은 제품이 있다. 향료도 부족하지 않게 배합해 향도 비슷하다. 문제는 S사 제품의 10분의 1 수준의 가격이다. 그러니 많은 사람이 S사 말고 듀프 제품을 산다.

미국의 대표적 유통 업체 월마트에도 재미있는 사례가 있다. 월마트는 가방을 출시한 적이 있다. 명품 브랜드 H사의 제품과 유사했다. 하지만 H사 이야기는 전혀 하지 않았다. 따라서 소비자를 기만하는 가품과는 방향성이 다르다. 가격은 H사의 100분의 1 수준이었다. '월킨백'이라는 애칭을 얻은 이 제품의 판매고는 그야말로 난리가 났다.

듀프족의 등장에는 경쟁력 있는 가격에 좋은 제품을 사고 싶다는 의미가 담겨 있다. 하지만 그렇다고 해서 듀프 제품이 무조건 저렴한 건 아니다. 비교 대상이 되는 명품 제품보다는 훨씬 저렴할 뿐이다.

듀프족은 기능을 먼저 따지는 실용주의에서 출발했다. 그리고 뉴미디어에서 고가 제품과 듀프 제품을 비교하는 리뷰가 쏟아지며 날개를 달았다. 듀프족을 가장 먼저 사로잡은 건 당연히 가성비다.

하지만 가성비를 뛰어넘는 가치가 있다. 듀프 제품을 생산하는 회사도 명품만큼이나 많은 노력을 거쳐 제품을 내놓는다. 단순히 고가 제품을 그대로 베끼는 '짝퉁' 제품과는 차원이 다르다. 따라서 가성비와 함께 존재하는 '가치'를 느낄 수 있고, 이 가치에 공감하는 대중이 너도나도 듀프족 대열에 합류하고 있다.

게다가 듀프족이 선호하는 제품은 가격에 대한 근본적 물음을 해소한다. 과거에는 명품 브랜드의 힘을 그대로 받아들였지만, 합리성을 따지는 소비자들은 지속적으로 의문을 품는다. 듀프 제품은 이 의문에 대한 대중적 답이라고 할 수 있다.

이제 브랜드는 단순한 기능이나 존재감이 아니라 소비자가 자신을 투영할 수 있는 철학과 언어를 제공해야 한다. 소비자가 생각하는 개념을 소비로 표현할 수 있도록 해야 한다. 쉽게 말하면, 서로 생각하는 가치가 같은 경우에 형성되는 공감이다.

공감은 단순한 선호도가 아니다. 소비자가 브랜드의 메시지를 자기 언어로 번역할 수 있고, 반대로 브랜드가 소비자의 언어를 반영하는 상황이다. 선호도가 가치의 한 종류인 건 사실이다. 하지만 자신의 언어로 다시 말할 수 있는 개념은 아니다. 대세라는 단어로 포장되어 특정 집단에 동화되는 등 자신의 언어와 연관 없는 개념들이 종종 영향을 주기 때문이다. 따라서 선호도는 깊은 공감이라고 볼 수 없다.

이해를 돕기 위해 A라는 공동체가 있다고 가정해보자. 이 공동체에 들어가기 위해서는 B라는 제품을 구매해야 한다. 그렇다면 A에 들어가고 싶은 C와 D는 B 제품에 공감하지 않아도 구매해야 한다. 이 경우 개인적인 선호도는 존재하지 않지만, 집단의 선호도에 의해 자신도 선호하는 것처럼 착각하는 현상이 벌어진다. 때로는 별다른 감정이 없음에도, 선호하는 것처럼 연기하는 경우도 있다.

이런 다양한 요소를 고려해본다면, 단순한 선호도는 공감과 다른 개념이라고 보는 게 옳다. 따라서 2026년 트렌드에서는 선호도가 아닌 공감을 생각해야 한다.

그렇다면 공감을 얻기 위한 필수 조건은 뭘까? 여러 가지가 있겠지만 트렌드에서 몇 가지를 찾으면 다음과 같다.

첫 번째는 삶의 언어로 말하라는 것이다. 추상적 비전이나 마케팅 수사보다, 일상의 맥락에서 들려줄 수 있는 명확하고 직관적인 메시지가 필요하다. 다음의 2가지 예시를 보자.

1. 우리는 환경을 생각하는 텀블러 회사입니다.
2. 이 텀블러로 하루에 100개의 일회용 컵을 줄일 수 있습니다.

1번과 2번 중 삶의 언어에 더 가까운 쪽은 무엇일까? 2번이다. 2번은 삶에서 자주 만나는 아이템과 상황을 기반으로 공감을 만드는 구성을 갖췄다. 1번도 물론 좋은 이야기지만, 다소 추상적 비전이라 공감의 필수 조건을 갖추지 못했다. 대중이 어떤 언어를 사용하고 있는지, 이 언어에는 어떤 니즈가 담겨 있는지 면밀하게 살피는 게 가치비를 높이는 첫걸음이다.

두 번째는 현실의 문제에서 출발하는 것이다. 브랜드가 해결하고자 하는 문제가 실제 생활의 고민과 직결되어야 한다. 사실 브랜드가 해결해야 할 문제는 많다. 이들 중 실생활과 가장 가까운 부분을 먼저 생

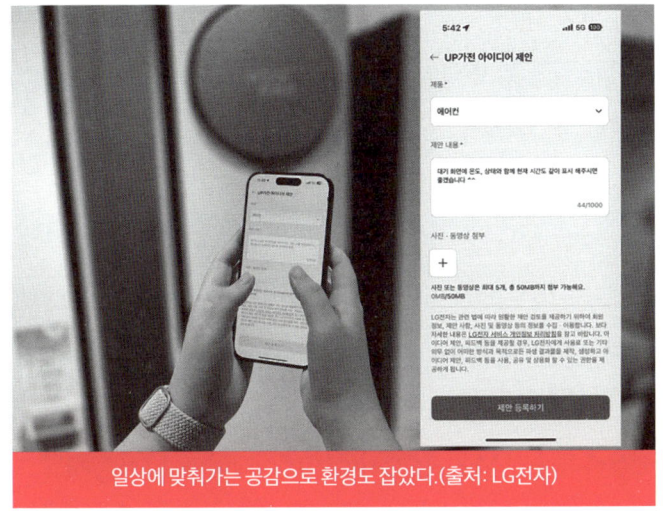
일상에 맞춰가는 공감으로 환경도 잡았다. (출처: LG전자)

각할 필요가 있다. 뜬구름 잡는 먼 미래의 이야기보다, 대중이 당장 경험하고 있는 현실을 개선하려는 노력이 필요하다.

LG전자에는 UP 가전(이하 업가전)이 있다. 업가전이란 업그레이드되는 가전제품이라는 뜻이다. 구매한 후에도 업그레이드로 기능을 추가하면서 고객에게 점점 더 맞춰가는 가전이다. LG전자는 업가전을 통해 개인화에 대해 이야기하기도 했지만, 핵심은 제품을 오래 쓸 수 있다는 것이다. 오래 쓰면 폐기물이 줄어들고, 그만큼 환경에 도움이 된다. 그래서 LG전자는 업가전 아이디어를 모은다. 고객이 제안한 아이디어를 업그레이드 콘텐츠에 적극 반영해 차별화된 고객 경험을 제공한다. 고객의 아이디어는 대부분 현실의 문제를 담는다. 고객이 아이디어를 내면 공감 포인트가 생기고, 해당 아이디어가 반영되면 더 큰 공감의 기회가 생긴다.

공감을 위한 세 번째 조건은 다름을 인정하라는 것이다. 당연한 이야기임에도 불구하고 많은 브랜드와 기업이 이 포인트를 놓치고 있다. 2026년의 트렌드는 라이프스타일과 신념을 존중하라고 말한다. 모든 사람에게 같은 것을 강요하기보다, 다양성을 인정하고 포용해야 한다. 대중이 브랜드와 기업에 기대하는 바는 모두 다르다. 하지만 기대조차도 수치화해 천편일률적으로 접근하는 사례가 많다. 이런 상황을 벗어나 다양한 대중의 상황을 고려하고, 열린 가치를 핵심으로 삼아야 한다.

닭갈비 향수가 나왔다. 재미있는 마케팅이다. 하지만 정말 재미만을 위한 걸까? 다양성에 대한 인정의 결과물이다. 고객과 소통할 수 있는 방법은 다양하다. 그리고 각자 공감하는 방식도 다르다. 이런 상황에서 기존에 시도하던 방법을 초지일관 밀어붙인다면, 해당 방법에 공감하는 사람들만 상대해야 한다. 재미있는 방식을 활용하면 다양성을 확보하고, 공감대가 다른 고객들에게 긍정적 인상을 남길 수 있다. 즉, 다름을 인정하고 더 큰 공감을 얻기 위한 아이디어다.

공감을 위한 필수 조건을 해치는 부정적 요인도 있다. 일단 과도한 이상주의가 있다. 추상적 철학만 내세우는 경우다. 가치비는 많은 사람이 공감해야 상승한

닭갈비 향수는 정말 재미만을 위한 걸까?(출처: 팔각도)

다. 추상적 철학은 이해하고자 마음먹은 소수만을 타깃으로 한다. 추상적인 개념을 이해하기 위해 기업과 브랜드에 많은 시간을 투자할 사람은 없다. 따라서 옳은 방식이라고 볼 수 없다.

위선적 행동도 피해야 한다. ESG, 친환경을 외치면서 실제로는 과도한 포장재를 쓰거나 윤리 기준을 무시하는 경우가 있다. 대표적인 것이 '그린워싱'이다. 친환경을 활용해 기업이 이미지를 세탁한다는 뜻이다. 그럴싸하게 친환경을 내세우지만, 실제로는 전혀 관심이 없는 경우다. 인스타그램 이미지, 유튜브 영상으로만 친환경을 외친다. 소비자는 점점 더 민감하게 브랜드의 말과 행동을 따진다. 언행일치다. "이 브랜드는 말뿐인가?", "진짜로 그 가치를 실천하고 있는가?"라는 질문을 던진다는 사실을 알아야 한다.

마지막으로 일방적 커뮤니케이션이다. 브랜드의 목소리만 높이고, 소비자 피드백에 반응하지 않는다. 일방통행이다. 이런 경우 소비자들이 트럭 시위를 벌이는 일도 있다. 실제로 뉴스에서 많이 접했을 것이다. 소비자들은 일방적 커뮤니케이션에 굴복하지 않는다. 이제는 소비자들이 행동으로 자신들의 의지를 보여준다는 걸 잊지 말자.

그렇다면 가치비 트렌드에서 가장 결정적인 신뢰 요소는 뭘까? 결과가 중요하지만, 과정도 중요한 개념이다. 소비자는 완성된 제품만으로 감동받지 않는다. 어떻게 만들어졌는지, 어떤 철학과 과정을 거쳐왔는지를 알고 싶어 한다.

이때 진정성 있는 스토리텔링은 브랜드와 소비자를 연결하는 핵심 도구가 된다.

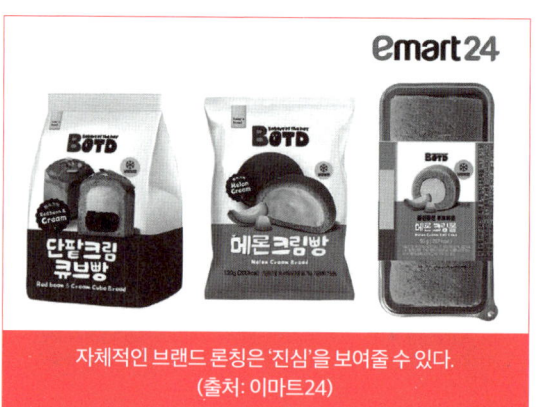
자체적인 브랜드 론칭은 '진심'을 보여줄 수 있다.
(출처: 이마트24)

　대표적인 예가 우리 주변에서 흔히 만나는 유통 기업들이다. 유통 기업들은 단순히 좋은 품질의 식재료를 판다는 메시지로 승부하지 않는다. 생산자의 철학이 담긴 스토리, 현장 사진과 인터뷰, 제품의 유통 과정 전반에 대한 투명한 설명을 소비자에게 전달한다. 일반적인 기업들도 자신들이 고민하고 업무로 연결하는 과정을 뉴미디어를 통해 공개한다. '우리 제품과 서비스가 좋다'라고 말하는 게 아니다. 선택해야 하는 이유를 간접적으로 알린다. 가치비를 끌어올리는 것이다. 특히 주목할 점은, 유통 업계가 소비자에게 생산자와 함께하는 여정에 동참하고 있다는 느낌을 제공한다는 것이다. 단순히 상품을 구매하는 행위가 아닌, 공감 가능한 철학과 과정의 일부가 된다는 느낌을 준다. 제품에 대한 신뢰를 높이고 브랜드 전체에 대한 충성도를 높이려는 전략이다.

　같은 관점에서 본다면, 자체 브랜드를 론칭하는 흐름도 가치비와 맞닿아 있다. 최근 기업들은 더 나은 제품을 공급하기 위해 특정 카테고리의 브랜드를 아예 직접 론칭하기도 한다. 그 정도면 해당 분야에 '진심'이라는 메시지를 줄 수 있다. 또한 지속적인 연구로 라인업을 늘려 가는 과정을 보여주며 브랜드 스토리의 일부가 되는 경험을 제공할 수도 있다. 그래서 단순히 타 브랜드의 제품을 판매하는 역할을 벗어나, 직접 브랜드를 론칭하는 흐름으로 나아가고 있는 것이다.

브랜드가 단순히 제품을 보여주는 것이 아니라, 브랜드가 되어가는 과정을 보여줄 때 소비자는 진정성을 읽는다. 어쩌면 이것이 바로 가치비 시대의 진짜 프리미엄이다. 고급 패키징보다 고급 프로세스, 감성 카피보다 리얼 스토리다. 과정 중심의 스토리텔링은 지금 가장 강력한 마케팅 수단이 되고 있다.

가치비 소비는 결국 공감과 서사 기반 소비다. 브랜드가 제공하는 메시지와 철학이 개인의 가치 구조에 편입될 수 있을 때, 소비자는 더 깊이 연결되고 오랫동안 소비를 선택한다.

"나는 제로웨이스트를 실천하는 사람이야."
"나는 내 아이에게 윤리적 브랜드를 입힌다."
"나는 브랜드보다는 철학을 소비한다."

예컨대 이런 문장들이 소비자의 머릿속에 떠오르게 만드는 브랜드만이 '가치비 시대'의 승자가 될 수 있다. 결론적으로 가성비는 끝났다. 지금은 가치를 사는 시대다. 소비자는 브랜드가 묻는 질문에 답하지 않는다. 오히려 소비자가 브랜드에 질문한다.

"당신의 브랜드와 기업은 왜 존재해야 하는가?"

"나는 당신의 브랜드와 기업을 통해 어떤 가치가 공감할 수 있는가?"

이 질문에 제대로 답할 수 있는 브랜드와 기업만이 가치비 시대의 진정한 주인공이 될 것이다.

브랜드 대신 '감각' 팔기, 감각을 설계하는 5가지 인사이트

때때로 브랜드는 우리의 삶에서 거슬리는 존재가 되기도 한다. 하루에도 수십 개의 로고와 광고가 우리의 스크롤 위를 지나간다. 유튜브 광고를 보면 습관처럼 '건너뛰기'를 누른다. 브랜드는 여전히 우리를 설득하려 하지만, 소비자는 그 말을 들으려 하지 않는다. 아니, 정확히 말하자면 듣고 싶지 않다.

이유는 단순하다. 브랜드가 너무 많아졌고, 우리를 설득하는 말이 다 비슷하기 때문이다. 특별하다고 외치는 브랜드가 너무 많으니 결국 하나도 특별하지 않게 느껴진다. 사람들은 브랜드의 느낌을 기억한다. 하지만 느낌을 기억할 만한 브랜드는 많지 않은 게 현실이다.

브랜드 피로는 전방위적이다. 브랜드는 자신들 위주로 스토리를 반복해왔고, 그 스토리는 와닿지 않는다. 이런 맥락에서 사람들은 감각적 소비로 이동하고 있다. 메시지 대신 경험, 로고 대신 분위기, 논리 대

매장은 물건을 파는 곳이 아니라 감각의 결정체다.(출처: 이솝)

신 기분이 소비를 이끌고 있다.

'이 브랜드 좋아' 대신 '이 브랜드 쓸 때 기분이 좋아'다. 2026년의 트렌드는 기능을 넘어 감각으로 확장되고 있다. 디자인도 성능도 중요하다. 하지만 한편으로 사용 경험에서 오는 감정적 반응이 핵심으로 떠오른다.

이른바 감각의 UX가 주목받는 시대다. 시각, 청각, 촉각, 후각, 공간의 흐름, 리듬, 심지어 기다림의 시간까지 브랜드 감각의 일부가 된다. 커피 한 잔을 살 때, 우리는 커피만 사는 것이 아니다. 우리는 카페의 온도, 빛의 각도, 직원의 말투, 음악의 템포까지 함께 소비한다. 이러한 감각은 무의식적으로 축적되어 기억의 틀을 형성하고, 결국 브랜드에 대한 감정을 결정짓는다. 브랜드가 진짜 남기고 싶은 건 정체성보다 감각이다. 감각은 서서히 스며들어 오래 남으며, 호감과 기억을 동시에 만든다.

이솝(Aesop)은 브랜드의 향기, 조명, 재료, 톤앤매너까지 모든 감각 요소를 철저히 설계한다. 매장에 들어가는 순간, 제품보다 공간이 먼저 느껴진다. 고객은 그저 제품을 사고 싶어서가 아니라 그 분위기 속에 더 오래 머무르고 싶어 매장을 방문한다.

테라스라는 이름으로 오프라인 공간을 운영하는 기업도 많다. 패션 브랜드도 있고, 가구 브랜드도 있다. 이들에게 테라스는 단순한 브랜드 홍보 공간이 아니라 문화적 감각을 입힌 체험형 공간이다. 브랜드 제품을 전시한 공간은 일부에 불과하다. 대신 공간 자체가 브랜드의 확장된 감각을 전달한다. 여기서 브랜드는 상품을 파는 주체가 아니라 경험을 제공하는 큐레이터가 된다.

그렇다면 감각을 팔기 위해 어떤 요소들을 생각해야 할까? 2026년의 트렌드는 5가지를 요구한다.

첫 번째는 감각적 일관성이다. 시각, 청각, 촉각이 통합된 경험이다. 시각적 요소만으로는 감각이 완성되지 않는다. 통합된 감각 설계가 필요하다. 예를 들어 애플은 제품 언박싱부터 시작해 UI의 터치감, 광고 사운드까지 하나의 리듬으로 감각을 설계한다. 고객은 애플 로고를 보기 전에 이미 애플 제품 같다는 느낌을 경험한다. 이 정도로 확실한 기억을 남기면 충성 고객이 생길 수밖에 없다.

두 번째는 프로세스의 감성화다. 앞에서 소비 경험 과정의 개념을 강조했다. 여기서는 개념을 넘어선 활용을 생각해보자. 브랜드는 고객이 제품이 아니라 과정을 기억하도록 해야 한다. 배송의 경험, 사용 설명서의 경험, 교환의 경험 등 고객이 겪는 모든 일을 떠올려라. 유통 업계는 배송에 대한 이슈를 더 깊이 고민하고, 박스 디자인이나 고객센터 문구까지 신경 쓴다. 이 모든 요소가 감성을 만들고 고객에게 깊은 인상을 주기 때문이다. 제품 구매 여정을 UX 기반 감각 여정(sensory journey mapping)으로 분석하고, 터치포인트마다 감정적 반응을 예측해 설계하면 도움이 될 것이다.

세 번째는 감성 언어다. 사람은 말투에 민감하다. 브랜드가 남기는 느낌 중 상당수는 텍스트에서 발생한다. 기계적인 말투는 브랜드와 감정적 거리를 만든다. 따라서 브랜드 톤앤매너를 반드시 고민해야 한다. 활용 언어의 기준을 만들어 전 채널에 활용해야 한다. 고객이 원하는 대로 톤앤매너를 따라가야 하는 건 아니다. 고객이 경험하길 원하는 특별한 분위기가 있다면 활용해도 좋다. 다만 뉴미디어 채널이 많아진 만큼 채널별 통일성을 생각해야 한다.

네 번째는 공간과 분위기의 설계다. 앞선 사례에서 설명한 것처럼, 오프라인 공간은 제품을 진열하는 장소가 아니라 감정을 설계하는 무대가 되어야 한다. 사람들은 제품보다는 제품을 접한 장소를 경험한 기분을 SNS에 남긴다. 브랜드는 공간 설계 시 감각 시나리오를 작성하고, 사람들이 퇴장하는 순간까지의 감정선을 설계해야 한다.

마지막은 기억의 복제다. 브랜드는 처음보다 두 번째가 중요하다. 소비자는 감각을 반복하며 신뢰를 형성한다. 이를 위해선 기억을 의도적으로 복제할 수 있는 장치를 마련해야 한다. 스타벅스의 콜네임을 생각하라. 일관된 감각이 지속적으로 이어져야 한다. 기왕이면 온라인과

올리브영은 온라인과 오프라인이 유기적인 관계를 보인다. (출처: 올리브영)

오프라인 양쪽에서 동일하면 좋다. 많은 기업이나 브랜드가 온라인과 오프라인의 특성을 놓친다. 개인적으로는 안타깝게 생각한다. 고객이 온라인에서 경험한 이야기를 오프라인에서도 경험해야 하며, 반대로 오프라인에서 경험한 것들을 온라인에서도 경험해야 한다. 온라인과 오프라인은 따로 생각할 수 없다. 기업과 브랜드는 두 공간 모두에 존재한다. 2가지 개념이 유기적으로 돌아가며 일관된 경험을 제공하는 게 가장 좋다.

올리브영이 좋은 사례다. 고객이 온·오프라인에서 모두 사용할 수 있는 쿠폰은 기본이다. 전자 라벨을 도입해 오프라인에서도 온라인 쇼핑몰을 경험할 수 있게 했다. 또한 온라인 쇼핑몰에서 습득한 정보를 오프라인에서 활용해 구매할 수 있는 과정도 있다. 이렇게 온·오프라인이

유기적으로 관계를 형성한다. 일관된 감각을 제공하는 좋은 방식이다.

이 방식들을 통해 브랜드가 전달하고 싶은 감정이 고객의 느낌으로 남을 때 정체성보다 더 강한 연결고리를 형성한다. 브랜드는 이제 정체성을 일방적으로 전달하는 존재가 아니라 감각적 해석의 틀을 제공해야 한다.

Z세대와 알파세대는 경험을 구매한다고들 말한다. Z세대와 알파세대는 브랜드보다 경험을 중심에 둔다. 이들은 자신을 확장시켜줄 수 있는 경험에 돈을 쓴다. 그리고 경험 속에서 자신만의 방식으로 브랜드를 해석한다. 브랜드의 가치보다는 자신이 얻은 경험에 주목한다. 브랜드가 제공한 경험이 재미있었는지, 그리고 얼마나 좋은 느낌을 받았는지 등을 떠올린다. 이들이 진짜 좋은 경험이라고 느끼는 건 디지털 환경을 넘어선 감각적 맥락이다. 오프라인 공간을 절대적으로 선호하는 건 아니다. 하지만 디지털의 평면성을 벗어나 오감을 자극할 수 있는 경험을 원한다. 따라서 브랜드는 경험 중심의 시나리오를 설계하고, 구매 이후에 잔상을 남길 수 있는 방법을 고민해야 한다.

다만 경험에 대한 인상은 지극히 개인적이다. 그래서 더 많은 고민이 필요하다. 전통적인 브랜드는 명확한 철학, 메시지, 비전이 있었다. 하지만 이제는 그 고정성이 오히려 소비자에게 부담이 된다. 소비자는 브랜드를 자신의 해석대로 사용하고 싶어 한다.

그러니 브랜드는 유동적인 구조로 변신을 시도해야 한다. 브랜드 정체성은 대중에게 말하고 싶은 메시지의 핵심을 담당하나, 경험의 중점을 투영하기에는 무리가 있다. 이 정체성은 브랜드가 자신들의 생각을 담은 것이고, 대중의 의견을 반영한 건 아니기 때문이다. 기왕이면 감각의 플랫폼화를 꿈꾸라. 다양한 감각의 경험이 공존하는 영역에서 대중이 선택 가능한 경험을 제공하는 것이다. 마치 뉴미디어를 선택하듯 말이다.

한마디로 브랜드는 더 이상 무엇인가를 전달하는 주체가 아니라, 감각적 상호작용을 가능하게 하는 인터페이스로 진화해야 한다. 감각은 관계를 만든다. 브랜드는 감각을 통해 기억되고, 기억은 다시 브랜드를 견고하게 만든다. 브랜드는 자신이 만든 로고보다, 사람들이 느낀 분위기로 기억된다.

"우리 브랜드는 사람들의 기억에 어떤 느낌으로 남고 있는가?"

감각이란 신뢰의 전제 조건이며, 브랜드의 경쟁력이다. 브랜드는 로고가 아니라 기억될 분위기를 설계해야 한다.

2026년의 소비 트렌드는 과거 어느 해보다도 복잡하고 다층적이다. 브랜드가 무조건 정체성을 전면에 내세우던 시대는 지나갔다. 대중이 브랜드의 철학을 듣고 싶어 하지 않는 건 아니다. 다만 일방적으로 듣는 것보다 느끼고 싶어 한다.

여기에서 주의해야 할 것이 있다. 단순히 감각적 마케팅이 유행이라는 이유 때문에 분위기만 조성하는 것으로는 충분하지 않다. 이제 감각은 화려함이 아니라 진정성과 구조로 기능해야 한다. 사람들은 단순히 좋아 보이는 브랜드가 아니라 자신의 삶과 연결된 감각을 주는 브랜드를 원한다.

정리하자면 브랜드는 더 이상 브랜드로 보이지 않아야 한다. 2026년 소비자는 브랜드의 흔적조차 불편해한다. 오히려 브랜드가 운영하는 콘텐츠 관련 계정을 더 선호하며, 브랜드의 흔적이 없는 채널에서 소통하려 한다. 자연스러운 관계가 필요하다. 브랜드는 말하기보다 대중이 무언가를 느끼게 하는 데 주력해야 한다. 이는 커뮤니케이션 구조 설계라는 새로운 과제를 던진다. 소위 마케팅 커뮤니케이션이다.

또한 데이터 기반 개인화만큼 감정 기반 개인화에 주목해야 한다. 알고리즘 기반의 개인화는 이미 모든 플랫폼이 제공하는 기본값이다. 하지만 2026년의 소비자는 단순히 나에게 맞는 제품이 아니라, 지금 기분과 상태에 맞는 브랜드를 찾는다. 기계가 내 행동을 분석해 추천한 것이 아니라, 나의 감정적 리듬을 이해하고 맞춰주는 느낌을 중시한다. 이는 AI가 단순히 데이터를 예측하는 도구를 넘어 감정적 인터페이스로 진화해야 함을 의미한다.

AI와는 약간 거리가 있지만, 최근 여러 제품의 추세를 보면 세분화 경향이 보인다. 이미 잘 팔리는 제품이 있음에도 다양한 용량과 형태로 제품 라인업을 확대하는 것이다. 감정 기반 개인화에 적응한 결과다. 고객이 한결같이 똑같은 제품만 원하진 않는다. 기분이나 상태에 따라 한 제품을 두고도 다양

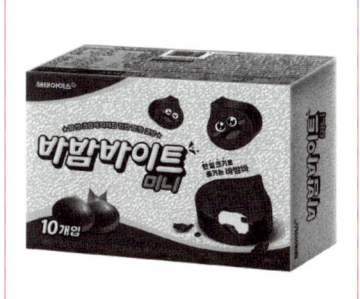

이미 확실한 제품이 있는데 왜 자꾸 세분화할까?(출처: 해태아이스)

한 접근을 원한다. 그러니 고객이 상태에 맞출 수 있게 제품을 세분화하는 것이다.

이런 경험의 총합이 곧 브랜드가 된다. 앞으로의 브랜드는 TV 광고, 웹사이트, 배송 패키지 등 각 요소를 따로 평가받지 않는다. 소비자는 전체 여정을 통해 느낀 감정의 총합으로 브랜드를 판단한다. 그러므로 브랜드 전략은 개별 콘텐츠가 아니라 감정 흐름을 설계하는 시나리오 구성이 되어야 한다. 브랜드 디렉터는 메시지를 정하는 것뿐만 아니라 전반적인 느낌을 조율해야 할 것이다.

브랜드를 만나기 이전 상태, 만난 후의 상태를 디자인하는 것도 필요하다. 2026년 소비자는 브랜드를 만나기 전의 기대, 소비하는 순간의 감정, 사용한 후의 여운까지 전체 경험을 브랜드로 인식한다. 즉, 브랜드를 인식하는 '지점'이 아니라 전후의 모든 주변 맥락이 브랜드의 일부가 된다. 그러므로 브랜드는 제품뿐 아니라, 제품을 만나기 전과 후의 시공간적 조건, 사용자 상태, 감정 기류까지 포함해 설계해야 한다.

2026년의 트렌드는 브랜드가 브랜드로 존재하지 말라는 역설을 말한다. 브랜드가 보이지 않아도 좋다. 감각을 통해 감정의 접점을 만들라. 그러면 그 브랜드는 기억된다.

지금부터 브랜드가 해야 할 일은 하나다. 겉으로 보이는 요소들도 중요하겠지만, 대중의 느낌을 생각하라. 콘셉트 대신 관계를 만들어야 한다. 트렌드의 핵심은 언제나 대중의 마음 안에 있다. 2026년, 그 마음을 여는 열쇠는 바로 감각이다.

CONSUMPTION TRENDS

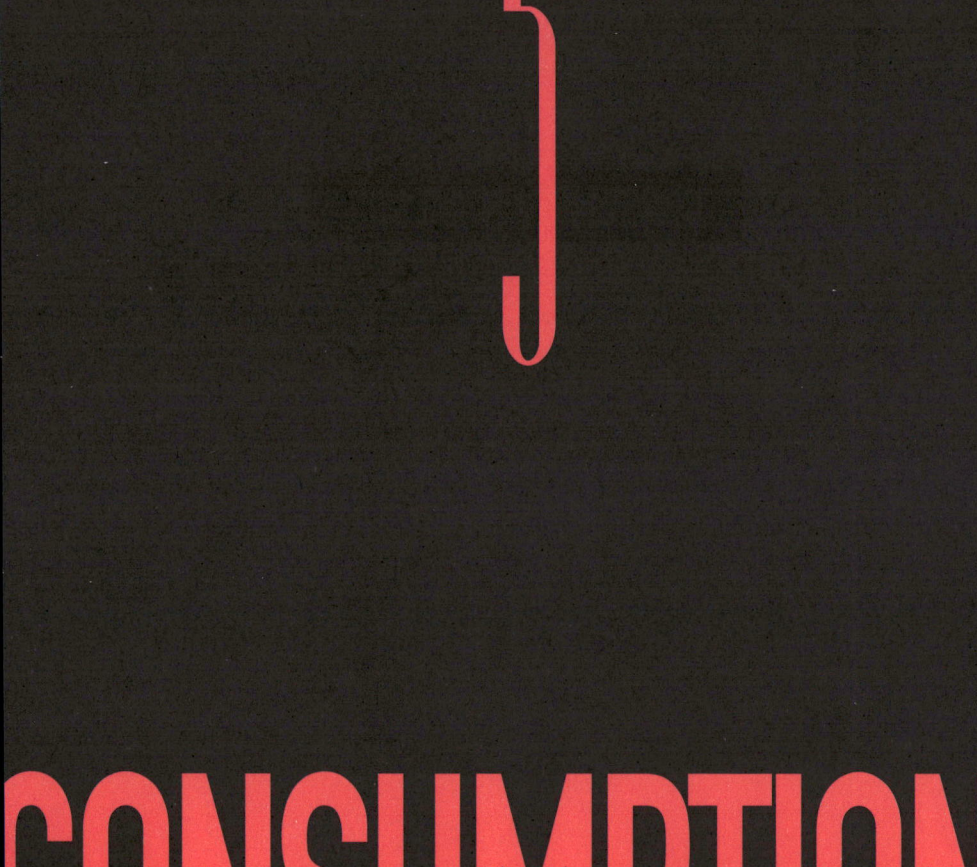

인플루언서 3.0 시대, 부캐가 대세가 된 이유

TRENDS + −

변화하는 인플루언서의 개념: 새로운 인플루언서의 필요조건

A는 20만 구독자를 가진 뷰티 유튜버. 겉보기엔 평범한 화장품 리뷰 콘텐츠를 올리는 인플루언서지만, 그녀의 채널엔 특이한 점이 있다. 영상마다 수십 개씩 달리는 댓글 대부분이 제품 성능에 대한 이야기가 아니다. 대신 그녀의 삶에 관심을 보인다.

"A님, 요즘 좀 피곤해 보여요. 괜찮으세요?"

"그때 언니가 말한 피부 관리법 진짜 좋았어요. 요즘도 그렇게 하세요?"

A는 리뷰 영상 말미에 늘 일상 이야기를 짧게 곁들인다. 가령 "요즘 엄마가 아파서 메이크업에 신경을 못 썼어요." 같은 한마디는 팔로어들에게는 단순한 뷰티 콘텐츠 이상의 감정 연결점이 된다. 이 과정에서 그녀는 어느 순간부터 제품을 소개하는 사람이 아니라, 함께 살아가고 있는 존재가 되었다. 이런 관계는 광고비로 상징되는 인플루언서의 힘보다 더 지속가능한 영향력이 된다.

인플루언서는 누구인가? 과거에는 팔로어 수가 많은 사람, 구독자 수가 많은 사람을 의미했다. 브랜드는 그들의 영향력(정확히는 노출력)을 구매했고, 그들은 광고주의 제품과 서비스를 소개하는 대가로 수익을 창출했다. 하지만 2026년, 우리는 흔하게 알고 있었던 인플루언서 개념이 얼마나 단순하고 일방적이었는지를 깨닫게 된다. 물론 인플루언서의 정의는 여전히 같다. 하지만 영향력은 노출의 문제로 해석할 수 없다.

기존 인플루언서는 대중을 설득하는 수단이었다. 이들은 '나를 따라 하라'라는 메시지를 직간접적으로 전했다. 일종의 소비 롤 모델이었다. 그러나 시대는 바뀌었다. 팔로어 수는 더 이상 영향력의 기준이 아니다. 대신 '얼마나 강력한 커뮤니티를 형성하고 있는가'가 영향력을 판단하는 기준이 되었다.

과거에는 100만 팔로어를 보유한 인플루언서가 하나의 브랜드를 소개하면 일정 수준의 판매가 보장됐다. 하지만 지금은 3만 명의 팔로어를 가진 마이크로 인플루언서가 오히려 더 높은 전환율을 기록하기도 한다. 그 이유는 간단하다. 전자는 '아이쇼핑'하는 사람이 많고, 후자는 '관계'를 형성한 사람이 많기 때문이다. 소비자는 이제 팔로어 수보다 신뢰와 밀접도를 기준으로 콘텐츠를 수용한다.

인플루언서가 콘텐츠만 잘 만들면 되던 시대는 지났다. 지금의 인플루언서는 커뮤니티를 기획하고 유지하는 역할을 동시에 요구받는다. 그들의 행보는 단순히 예쁜 사진이나 감각적인 영상 하나 올리는 것으로 끝나지 않는다. 오히려 라이브 방송, 댓글 소통, DM을 통한 개별 응대 등 일종의 마이크로 관계 관리를 해야만 영향력을 유지할 수 있다.

물론 이 같은 변화를 두고 그래도 인플루언서가 구매를 유도하면 사지 않냐고 의문을 던질 수 있겠다. 디토 소비(특정 인물이나 콘텐츠, 커머스를 추종해 제품을 구매하는 트렌드)가 Z세대와 알파세대에게 영향력을 발휘한다는 사실을 말할 수도 있을 것이다. 내가 지적하고 싶은 건, 디토 소비를 이끄는 인플루언서들의 면모를 보라는 뜻이다. 단순히 제품이나 서비스를 소개하는지, 진짜 콘텐츠로 소통하고 있는지를 말이다. 대부분이 후자다. 진짜 소통이 커뮤니티를 만들고, 영향력의 흐름을 창조할 수 있다.

이런 흐름 속에서 팔로어 개념도 바뀌고 있다. 단순히 숫자로 환산되는 군중이 아니라, 함께 브랜드를 만들어가는 '동료 창작자(cocreator)'가 되어가고 있다. 인플루언서가 만든 흐름에 자신이 참여하고 있다는 느낌으로 따라가는 것이다. 그래서 인플루언서들은 대중이 궁금해하는 콘텐츠를 제작하거나, 대중 입장에서 필요한 사항들을 기획하기도 한다. 대중의 이야기를 듣는 상황부터 이미 동료 창작자의 관계가 형성되는 것이다.

브랜드 입장에서도 인플루언서를 바라보는 관점이 크게 달라졌다. 예전에는 단순히 제품이나 서비스를 홍보해주길 요청했다. 하지만 이제는 브랜드의 이미지를 함께 만든다. 이 이미지에는 인플루언서 각자의 해석이 포함된다. 일종의 브랜드 감각의 공동 설계자로 인플루언서를 인식하는 태도가 필요해졌다.

이러한 변화는 특히 Z세대와 알파세대의 소비 방식에서 비롯된다. 이들은 광고를 싫어하고 이야기를 추종한다. 그래서 브랜드 스스로 말하는 것보다, 인플루언서가 말하는 것에 민감하게 반응한다. 특히 인플루언서가 소통에 능하면 더 큰 반향을 일으킨다. 각자의 해석과 소통이 곁들여지면 가장 좋은 성과를 낸다.

2026년형 인플루언서에게 요구되는 2가지 핵심 포인트는 다음과 같다.

첫 번째는 내러티브 일치다. 단순히 말과 행동이 일치하는 차원을 넘어서야 한다. 자기 콘텐츠 세계관 안에서 삶과 콘텐츠가 논리적으로 연결되어야 한다. 이는 말실수나 일회성 행동을 조심하라는 뜻이 아니다. 스스로 실언을 막는 관리는 기본이고, 전체 서사의 톤이나 맥락을 일관된 방식으로 수행해야 한다. 대중은 말이 아니라 맥락을 보기 때문이다. 사실 뉴미디어에서는 상황에 따라 말투가 바뀌고, 협업 브랜드마다 페르소나가 달라지기도 한다. 가능한 일이다. 하지만 대중은 전반적 관점에서 일관된 인격의 방향성을 기대한다. 페르소나는 달라질 수 있지만, 인플루언서가 지향하는 가치는 항상 동일해야 한다는 것이다. 만약 내러티브가 일치되지 않는다면 인플루언서는 그저 가짜 인물일 뿐이다. 어떤 맥락에서도 대중이 기대한 존재로 느껴질 수 있는 통일성이 필요하다.

두 번째는 정서적 일치감이다. 앞에서도 언급했지만, 대중은 자신의 감정과 연결되는 이야기를 원한다. Z세대와 알파세대는 이성보다 감정으로 콘텐츠를 받아들이곤 한다. 감정적으로 좋은 인상을 받으면 몰입한다. 감정이 어색하거나 연기 같으면 즉시 거부 반응을 보인다. 인플루언서가 보여줄 수 있는 요소는 많다. 톤, 리듬, 말투, 표정, 자막, 음악 등 모든 요소가 브랜드보다는 사람으로 느껴질 수 있도록 해야 한다.

이 2가지 포인트는 진정성과 일관성이라는 단어로도 설명할 수 있다. 진정성은 앞서 언급한 내러티브 일치와 방향이 같고, 일관성은 정서적 일치감과 방향을 같이한다. 진정성이란 인플루언서가 말하는 것과 실제 행동이 다르지 않다는 느낌이다. 일관성이란 어떤 메시지를 지속적으로 전달해왔다는 브랜드 감성이다.

이 2가지가 충족되지 않으면 아무리 화려한 콘텐츠도 오래가지 못한다. Z세대 이후 세대는 가짜를 감지하는 데 특별한 능력을 보인다. 이들은 콘텐츠의 겉모습보다 맥락의 불일치를 탐지한다. 그래서 인플루언서는 무엇을 보여주는가보다 어떤 방식으로 살아가고 있는지로 평가받을 수 있다.

2026년형 인플루언서의 등장은 단지 마케팅 포지션의 변화가 아니다. 이는 영향력 자체의 구조적 진화다.

과거: 영향력 = 유명세 + 팔로워 수

현재: 영향력 = 신뢰도 × 커뮤니티 밀착도 × 메시지 일관성

인플루언서는 이제 브랜드와 시장의 중간에 있는 미디어이며, 콘텐츠이자 커뮤니티다. 역할이 더해지는 만큼 다양한 고민이 필요하며, 앞서 언급한 필요조건을 충족시킬 수 있는 방향성을 설정해야 한다.

흉내일까 진심일까?
부캐 실행 공식 5가지와 5단계 접근법

"요즘 사람들은 진짜보다 가짜를 더 좋아하더라."
가짜를 더 좋아한다니, 말도 안 된다고 생각할 것이다. 하지만 정말 그

랬다. 가치 소비 바람이 불면서 실제 동물의 털을 활용한 제품 대신 가짜 털을 쓴 제품이 기준으로 떠올랐다. 그래서 진짜보다 가짜를 더 좋아한다는 말이 나왔다. 하지만 지금은 달라졌다. 다시 가짜보다 진짜가 좋은 걸까? 아니다. 이제 진짜처럼 느껴지는 가짜를 좋아한다. 부캐는 그 전형이다.

인플루언서의 자리는 단일 자아가 아닌 복수의 페르소나가 오가는 다중 서사의 무대가 되었다. 진짜와 가짜, 나와 나 아닌 것의 경계는 흐릿해졌다. 우리는 그 틈에서 탄생하는 새로운 정체성에 빠져 있다. 2026년의 트렌드는 부캐를 더 이상 콘셉트나 가짜로 보지 않는다. 또 다른 방식의 자기표현이자 커뮤니케이션 수단이다. 흉내가 아니다. 정교하게 기획된 콘텐츠이자 표현의 방식이다.

한 유튜버가 있다. 대중과 소통하며 쌓아온 충분한 매력이 있다. 하지만 장년층 여성을 연기하기도 하고, 밀레니얼 시대의 가수를 연기하기도 한다. 문제는 어떤 연기를 해도 완벽에 가깝다는 것이다. 캐릭터의 특성을 파악해 완벽히 구현한다. 비슷한 방식으로 주목받은 연예인도 있다. 그야말로 천의 얼굴이다. 학부모, 인플루언서, 교포, 뮤지션 등 다양한 인물로 변신한다. 이 연예인도 연기가 완벽하다. 캐릭터를 들고 나올 때마다 화제를 일으킨다.

흥미로운 건 두 사람의 콘텐츠에 진짜와 가짜를 묻는 논쟁은 존재하지 않는다는 점이다. 매 캐릭터마다 해당 세계관에 집중해 댓글이 달린다. 이 시대의 부캐는 일관성, 감정의 연속성, 맥락의 설득력이 있다면 충분히 매력 있다. 3가지를 구축하면 살아 있는 캐릭터로 기능하는 것도 문제없다.

어쩌면 2026년은 우리에게 다양한 정체성을 요구하고 있다. 누군가의 정체성은 더 이상 고정되지 않는다. 철학자 폴 리쾨르(Paul Ricoeur)는 인간의 자아를 '서사적 정체성(narrative identity)'으로 설명한다. 우리가 어떤 이야기를 하며 살아가는가에 따라 정체성이 형성된다는 것이다. 이 관점에서 보면 부캐는 내가 하고 싶은 이야기의 연장선이다. 내가 말하고 싶은 메시지를, 내가 아닌 다른 모습으로 설계하고 표현하는 것이다. 그러니 그 자체가 나의 또 다른 형태가 될 수 있다.

사회학자 어빙 고프먼(Erving Goffman) 역시 자아를 연극 무대 위의 역할로 본다. 연극에서는 한 사람이 역할에 따라 다른 연기를 할 수 있다.

이와 같이 뉴미디어에서도 상황마다 다른 페르소나를 입고, 플랫폼마다 다른 언어와 감정을 사용할 수 있다. 모든 부캐는 허상이 아니다. 시대가 요구하는 자기표현력의 산물이다.

흐름에 따라 기업도 부캐에 관심을 보인다. 굳이 기업이나 브랜드의 정체성을 하나로 고정할 필요가 없기 때문이다.

쿠첸은 다양한 부캐와 함께 부캐가 활동하는 공간을 따로 기획했다. 부캐를 활용해 세계관을 구축한 것이다. 부캐의 세계가 쿠첸과 아예 동떨어져 있는 건 아니다. 건강한 식문화를 상징하는 공간을 만들고, 잡곡밥에 대해 이야기한다. 그리고 쌀과 연관된 부캐들이 줄지어 등장한다. 실제로 쿠첸의 부캐는 MZ세대를 중심으로 좋은 반응을 얻었다. 기업 자체의 이야기를 내세우는 것보다 재미있고, 몰입할 만한 요소가 많기 때문이다.

짐빔은 '짐빔빔'이라는 계정을 운영하고 있다. 부캐다. 스스로를 직원들이 술 먹고 운영하는 부캐로 소개한다. 만 19세 이상 성인만 이용, 공유 가능하다는 설명으로 주류 회사의 정체성을 드러낸다. 이 계정에는 짐빔 관련 제품에 대한 이야기도 많고, 자사 모델의 이야기도 있다. 하지만 부캐를 활용해 공감가는 이야기로 댓글을 유도한다. 짐빔만 내세웠다면 만들기 어려웠을 정체성이다. 부캐를 활용해 대중성을 넓혔다.

부캐는 인플루언서도 활용하고 기업과 브랜드도 활용할 수 있다. 하지만 그렇다고 해서 '그냥 연기하면' 부캐가 되는 건 아니다. 기왕 부캐를 시도하려면 단순한 흉내로 끝나지 않고 하나의 캐릭터나 콘텐츠로 자리 잡는 과정이 뒤따라야 한다. 이런 결과를 위해 5가지 공식을 활용할 필요가 있다.

부캐가 활동하는 세계를 직접 기획할 수도 있다.(출처: 쿠첸)

공감되는 부캐의 몇 마디가 사람들을 자극한다.(출처: 짐빔빔 인스타그램)

부캐 공식 1: 일관된 내러티브

단발적인 유머보다 세계관을 가진 캐릭터여야 한다. 단발성 유머는 지속력이 떨어진다. 반면 세계관은 꾸준한 콘텐츠의 원천이며, 대중이 몰입할 수 있는 기회를 꾸준히 제공한다.

부캐 공식 2: 플랫폼 맞춤형 설계

유튜브, 인스타그램, 숏폼은 각기 다른 언어와 특성을 가진다. 부캐는 플랫폼 감각을 전제로 한다. 뉴미디어 성격과 타깃 나이대에 따라 포인트를 다르게 설정할 수 있어야 한다.

부캐 공식 3: 감정 공감대

아무리 연기라도 웃음 속에 공감대가 형성되어야 한다. 장난이라도 인간적인 고민이 보이면 더 좋다. 대중은 이것을 진심으로 받아들인다. 따라서 부캐가 등장하는 에피소드는 많은 사람이 공감할 수 있는 것들을 활용하면 좋다.

부캐 공식 4: 책임감

아무리 캐릭터라도 혐오나 무지로 비춰지는 순간 생명력을 잃는다. 시대가 요구하는 도덕성과 기준을 반드시 가지고 있어야 한다.

부캐 공식 5: 참여 가능한 서사

팬들과의 소통은 단순히 댓글에 답하는 것을 의미하는 게 아니다. 팬이 캐릭터의 세계 안으로 들어올 수 있는 '세계관 인터랙션'이 필요하다. 실제로 완벽한 부캐 콘텐츠의 댓글은 몰입형 댓글이 많다. 예를 들어 2000년대를 사는 캐릭터면 2000년대의 시선으로 댓글을 다는 것이다. 이런 결과를 위해 참여를 유도하는 다양한 방식을 고민해야 한다.

5가지 공식은 기본이다. 공식을 바탕으로 부캐 작업을 실행해야 할 텐데, 실행은 다음 5가지 단계를 따른다. 부캐 전략을 도입한다고 해서, 갑자기 귀여운 캐릭터 계정을 만든다고 해서 무조건 성공하는 게 아니다. 브랜드의 아이덴티티와 충돌하지 않으면서도 새로운 감각을 보여주는 일은 쉽지 않다. 부캐 전략이 효과를 발휘하려면 단계적 설계와 설득이 필요하다. 5단계를 따라 찬찬히 진행하면 좋다.

1단계: 본캐의 성격을 분리하기

첫 단계는 부캐를 기획하기 전에 브랜드의 기존 톤앤매너와 대중 인식의 한계를 인식하는 것이다. 예컨대 스타벅스는 이미 글로벌하고 일관된 브랜드다. 어디를 가도 스타벅스에 기대한 커피맛을 즐길 수 있다. 하지만 동시에 정형화되어 있다는 인식도 있다. 그렇기에 지역마다 특색 있는 매장을 통해 차별화된 감각을 제공한다. 국내에도 특색 있는 매장이 많은 편인데, 일종의 부캐라고 할 수 있겠다. 이처럼 한계를 느끼는 부분을 인지하고, 부캐를 통해 보완하는 방식을 생각하는 건 좋은 방법이다. 이때 브랜드는 반드시 질문해야 한다.

"본캐로는 아쉬웠던 못 했던 이야기, 감정, 서사를 어디까지 풀 수 있을까?"

이게 곧 부캐가 존재해야 할 이유가 된다.

2단계: 정서 영역 설정, 톤과 감정 디자인

부캐는 제품이 아니라 정서 영역에 기반한 캐릭터다. 즉, 브랜드의 새로운 자아는 무엇을 말하느냐보다 어떻게 말하느냐로 구분된다. 이 단계에서 중요한 건 부캐의 말투, 분위기, 스타일을 정하는 일이다. 유튜브나 인스타그램에서 활동하는 인기 부캐 캐릭터들은 대부분 이 과정을 잘 소화했다. 대중은 콘텐츠의 내용보다 느낌을 기억한다.

3단계: 이야기로 서사형 구조 확립하기

부캐가 단발성 캐릭터로 끝나지 않으려면 브랜드의 철학 또는 특별한 경험을 담는 구조적 스토리가 필요하다. 인기 부캐들은 콘셉트가 아닌 이야기 흐름을 갖고 있기에 소비자가 오래 따라가며 감정 이입한다. 브랜드도 부캐를 만들 때는 매번 새로운 것보다는, 일관된 세계관과 이야기의 결이 있는 콘텐츠 기획이 필요하다. 그래야 고객이 몰입해 지속적으로 소비할 수 있다.

4단계: 본캐와 부캐의 거리 설정하기

부캐 전략이 강할수록 본캐에 대한 피로를 줄이는 장점이 있지만, 동시에 리스크도 커진다. 잘못 활용하면 브랜드의 철학과 부딪힐 수 있고, 부캐가 실수할 경우 브랜드가 책임을 떠안아야 한다. 이를 피하기 위해 거리 조정 장치가 필요하다. 브랜드가 아닌 부캐 계정을 활용하거나, 말투에서 의도적인 차별성을 설정할 수 있다. 부캐는 본캐를 위한 안전한 방패가 되어야 한다. 가장 좋은 건 무책임한 분신이 아니라, 책임 있는 또 다른 자아로 기능하는 것이다.

5단계: 경험으로 확장하기
마지막 단계는 부캐가 쌓은 감정 연결을 실질적 브랜드 경험으로 전환시키는 것이다. 부캐를 활용한 다양한 프로젝트를 진행하는 단계다. 이 단계까지 오면 공감하는 대중이 많을 것이다. 흥미로운 요소가 존재하는 경험 프로젝트로 부캐의 방점을 찍어야 한다. 다만 감정 연결이 되지 않았음에도 섣불리 구매 경험부터 유도해 부캐의 세계관을 망치는 일은 주의해야 한다.

부캐는 흉내가 아니라 또 다른 삶의 방식이다. 본캐의 현실 자아가 하지 못했던 말과 행동을 대신 하는 채널일 수도 있고, 본캐가 꿈꿨던 색다른 도전을 가능하게 해주는 것일 수도 있다. 어떤 경우든 본캐는 현실에서의 나와 느슨하게 연결되어 있어야 한다.

대중은 정체성의 완전한 진실성을 요구하지 않는다. 오히려 잘 설계된 감정에서 나름의 매력을 찾아낸다. 부캐는 이 감정이 제대로 느껴지는 지점에서 현실 이상의 진실성을 갖는다. 사실 우리도 회사에서의 나와 집에서의 나, SNS에서의 나를 다르게 연출하며 살아간다. 누군가는 온라인에서 더 솔직하고 더 자기다워질 수 있다. 부캐는 새로운 정체성의 놀이가 아니다. 트렌드와 대중이 요구하는 흥미로운 자아의 일부라는 걸 기억하자.

➕
캐릭터 전성시대, 소통하는 캐릭터가 갖춰야 할 핵심 조건

그간 우리는 SNS에서 많은 밈을 만났다. 짧은 영상과 이미지 1장으로 소비되는 콘텐츠다. 하지만 2026년의 트렌드는 조금 더 복잡해졌다. 물론 밈은 여전히 인기다. 문제는 단발성 콘텐츠다. 한 번 '휙' 소비하고 넘어가면 끝이다. 밈에서 복잡한 의미를 찾거나 지나치게 몰입하는 경우는 드물다. 그래서 밈이 가진 한계성을 극복하기 위해 의도적으로 복잡해질 필요가 있다. 이때 등장하는 개념이 바로 캐릭터다.

본래 캐릭터(character)는 연극과 문학에 등장하는 인물을 뜻하는 말이다. 하나의 이야기 안에서 고유한 성격, 말투, 세계관을 가진 존재다. 그러나 디지털 시대에 들어서며 캐릭터의 의미가 커졌다. 뉴미디어에서 고유한 정체성과 반응 구조를 가진 콘텐츠나, 혹은 해당 콘텐츠의 주체를 가리키는 말로도 사용된다.

2026년 트렌드에서 마주하고 있는 캐릭터의 의미도 확장된 정의와 같다. 2026년의 캐릭터는 단순히 특정한 모습과 말투를 가진 이미지가 아니라, 독립된 서사 구조를 지니고 고유한 반응 방식과 어조로 대중과 호흡하는 인격이다. 이 정의는 오늘날 브랜드의 방향성과도 밀접하게 연결된다. 이제 브랜드는 캐릭터다. 캐릭터는 브랜드에 어떻게 반응하고, 또 브랜드가 어떤 감정을 일으키는지를 포함할 수 있는 개념이다. 따라서 기업이 브랜드를 캐릭터화한다는 것은 단순한 마스코트를 만드는 것 이상의 시도다. 이는 상호작용할 수 있는 구조를 만든다는 의미다.

캐릭터는 앞에서 언급한 부캐와 유사점이 많다. 하지만 기획 의도와 몰입 구조를 보면 차이를 알 수 있다. 부캐는 본캐, 즉 본래 자아에서 파생된 또 다른 인격이다. 반면 캐릭터는 처음부터 철저히 기획된 독립된 자아다.

예를 들면 이렇다. 연예인이나 기업이 부캐를 시도한다. 대부분의 사람들은 이들의 본캐를 알고 있다. 그렇기 때문에 본캐와 비교해가며 더 재미를 느낄 수 있다. 이 연예인(기업)이 이런 것도 할 수 있냐는 물음으로 놀라움과 재미를 나타내게 된다.

반면 캐릭터는 처음부터 기획한 독립적 자아다. 연결성을 가진 본캐가 없고, 연출된 세계관을 바탕으로 한다. 따라서 부캐보다 설정값이나 연출력이 더 중요하다. 또한 부캐는 때때로 본캐와 연결된 다양한 아이템을 활용하기도 하지만 캐릭터는 딱히 연결성이 없는 경우가 더 많다.

이 차이점을 인지하고 연출과 실행을 잘한다면 캐릭터 자체가 인플루언서가 된다.

요즘 금융권은 캐릭터 활용에 관심이 많다. 그중에서도 가장 적극

신한프렌즈는 부캐가 아니라 캐릭터다.(출처: 신한은행)

적 행보를 보이는 곳은 신한은행이다. 캐릭터인 '신한프렌즈'의 플랫폼을 따로 오픈했고, 심지어 캐릭터 페어에 참여할 정도로 열정적이다. 이 경우 신한프렌즈는 신한은행의 부캐일까? 아니다. 캐릭터다. 세계관을 주고 처음부터 기획한 콘텐츠이기 때문이다. 신한프렌즈는 신한은행이 말하고 싶었던 다른 자아가 아니라, 기획 단계부터 따로 설계한 인격이다. 따라서 캐릭터로 판단하며, 이 같은 행보가 다양한 업계에서 계속 이어지고 있다는 사실에 주목해야 한다.

과거에는 대중이 콘텐츠에 공감하는 조건은 특정 감정을 느끼는 경험이었다. 이를테면 실연한 사람이 슬픈 사랑 드라마를 보거나 이별에 관한 노래를 들으면 공감하는 것과 같다. 실연한 사람은 이별이라는 상황에서 어떤 감정이 느껴지는지 알고 있다. 이를 특정 감정이라고 설정한다면, 해당 감정이 느껴질 때 콘텐츠에 공감을 표현하는 것이다. 하지만 지금은 다르다. 호기심과 의문을 가진다. 왜 그렇게 표현되었는지, 또 왜 그렇게 말하는지 등 모든 요소를 두고 하나씩 파고든다. 단순한 감정보다 자신의 판단 기준에 따라 콘텐츠를 따라가는 것이다. 이런 변화에 따라 캐릭터화된 콘텐츠의 필요성이 급격하게 커졌다.

게다가 지금의 대중은 굿즈와 같이 소장할 수 있는 제품에 관심이 많다. 소장 자체를 소비의 이유로 삼거나, 소장 여부를 자랑하며 SNS에서 소통하기 때문이다. 제대로 된 캐릭터는 상품이 되어 브랜드 가치를 흥미롭게 전달한다. 디깅(관심사를 찾고 몰입하는 일) 성향이 강한 세대에게 반드시 소장해야 할 아이템을 배출하기도 하며, 반복적인 언급의 원천이 된다. 소비 트렌드의 변화가 캐릭터의 필요성을 더 자극하고 있다.

다소 역설적인 말이긴 하나, 캐릭터는 복잡할수록 오래간다. 직관적이고 빠른 속도의 시대에 이게 무슨 말인가 싶을 수도 있다. 하지만 단순한 말투나 외형은 소비를 자극하진 못한다. 공감의 시간이 짧기 때문이다. 확실한 정체성과 스타일, 그리고 기억 가능한 시그널이 필요하다. 대부분은 단순한 방향성으로 캐릭터나 콘텐츠를 각인시키려고 한다. 그리고 내부적으로 조금이라도 긍정적인 신호를 발견하면 돈 벌 궁리부터 한다. 이런 마인드로는 캐릭터를 성공시키기 어렵다.

중요한 건 이제 브랜드, 기업, 기관도 캐릭터가 되어야 한다는 것이다. 우리가 흔히 아는 방식의 브랜드 캐릭터도 좋고,

기관의 캐릭터도 입체적으로 설계하면 반응이 나온다. (출처: 진주시)

정교한 콘텐츠도 좋다. 그냥 브랜드가 아니라 독창적인 말투로 말하고 재미있는 세계를 보여주는 캐릭터를 지향해야 한다.

진주시의 캐릭터인 하모는 좋은 사례다. 하모는 수달을 모티브로 한 캐릭터다. 하모는 단순한 마스코트가 아니다. 지역의 정체성을 서사적인 방식으로 풀어내는 매체 역할을 했다. 지역 관광, 축제, 굿즈까지 연결되며 진주시와 대중을 연결하는 감성적인 접점이 되었다. 만약 단순한 마스코트형 캐릭터를 기획했다면 하모가 가져온 효과들은 기대하기 어려웠을 것이다.

카카오프렌즈는 강자가 되기에 충분한 조건을 갖췄다.(출처: 카카오)

전통의 강자라고 할 수 있는 카카오프렌즈도 여전히 배울 점이 많다. 카카오프렌즈는 모바일 이모티콘에서 시작해 글로벌 캐릭터 IP가 됐다. 굿즈, 카페, 테마 공간까지 확장된 상태다. 카카오프렌즈가 애초에 단순한 마스코트를 지향했다면 어떻게 되었을까? 아마 이모티콘 정

콘텐츠도 캐릭터로 기능할 수 있다. (출처: 젠틀몬스터)

도로 기억되었을 것이다. 카카오프렌즈는 모든 채널에 걸쳐 동일한 감정 스토리와 캐릭터 톤을 지속적으로 유지하고 있다. 지속적인 몰입이 가능한 형태여서 완벽한 캐릭터로 기능할 수 있다. 오죽하면 알파세대가 카카오프렌즈 때문에 카카오뱅크에 가입한다는 말까지 나올까? 이들은 이미 캐릭터에 푹 빠졌다.

앞서 언급한 대로 콘텐츠도 캐릭터 역할을 할 수 있다. 젠틀몬스터는 제품뿐만 아니라 자신들의 디자인 스토리를 팝업 매장 콘셉트로 구성해 매번 많은 사람을 동원한다. 사실 젠틀몬스터에는 우리가 흔히 예상하는 캐릭터는 없다. 하지만 공간, 감성, 스토리의 캐릭터화를 통해 브랜드 경험을 보여준다. 이렇게 몰입감 높은 브랜드 경험은 한 번 빠지면 헤어 나오기 어렵다.

그렇다면 앞의 사례들로 알 수 있는 캐릭터화의 핵심은 뭘까? 진짜 캐릭터가 되려면 3가지 조건이 필요하다. 먼저 기본적인 세계관이다. 캐릭터는 혼자 존재하지 않는다. 주변 인물, 공간, 시간, 성격 등이 함께 짜여야 한다. 소위 캐릭터가 뛰어놀 수 있는 공간을 함께 설정하는 것이다. 덩그러니 캐릭터만 존재한다면 마스코트와 다를 바가 없다.

두 번째 요소는 독자적인 스타일 형성이다. 캐릭터를 접한 대중이 언제 어디서나 떠올릴 수 있는 요소를 뜻한다. A라는 상황이 있다. 이 상황에서 B라는 캐릭터는 어떻게 대응할까? 이런 질문에 명확히 답할 수 있다면 스타일 형성이 잘된 것이다. 이처럼 언제 어디서도 캐릭터의 스타일이 떠오르도록 대중에게 각인되어야 한다. 누군가를 어설프게 따라 하는 게 아니라, 캐릭터만의 행동 방식이 완벽히 전달될 수 있도록 다양한 장치를 생각하라.

세 번째는 반복적 루틴이다. 1달에 1번 업로드되는 콘텐츠로는 캐릭터화를 달성하기 어렵다. 주기적으로 올라오는 콘텐츠 혹은 프로젝트 등을 통해 대중이 기대하는 콘텐츠 주기에 부합해야 한다.

3가지 조건을 챙기면 다음과 같은 구조를 형성할 수 있다.

정체성 → 공감 → 스타일 형성 → 충성도

캐릭터는 정체성을 형성하고, 이로 인해 사용자는 감정적으로 콘텐츠와 함께한다. 지금 우리는 기업다움, 브랜드다움, 기관다움에서 약간은 물러설 필요가 있다. 이 물러섬을 가능하게 만드는 게 바로 캐릭터다. 기업과 브랜드 그리고 기관은 대중과의 소통을 통해 새로운 인플루언서 시대를 대비해야 할 것이다.

느슨한 연결의 시대:
팬덤을 만드는 5가지 방법

인플루언서와 팬의 관계를 어떻게 정의하면 좋을까? 본론을 시작하기 전에 앞으로의 설명에서 아이돌 그룹이나 유명 인사, 인플루언서를 분리하는 일은 의미가 없을 것 같다. 사실 아이돌 그룹도 유명 인사도 모두 인플루언서 아니겠는가? 그래서 우리가 열광하는 대상은 모두 인플루언서로 지칭하기로 한다.

본론으로 돌아와 우리가 아이돌 그룹을 보며 느꼈던 팬심을 떠올려보자. 밤을 새워 줄을 서고, 티켓을 구입하기 위해 광클을 하며, 다른 사람보다 내가 더 좋아하고 있다는 메시지를 주기 위해 노력했다. 하지만 2026년을 설명할 인플루언서 3.0 시대에도 여전히 그럴까? 이제 팬덤은 그렇게 작동하지 않는다. 2026년의 팬은 더 느슨하고, 더 가볍고, 그러나 더 오래간다. 물론 여전히 열정적인 팬들도 많다. 내가 말하고 싶은 건 팬덤의 모습이 다양해지고 있다는 것이다.

인플루언서를 바라보는 팬심은 지독한 충성이 아니라 습관이 되고 있다. 루틴이라고 봐도 무방하다. 불타오르는 애정은 중요하지 않다. 중요한 건 그 인플루언서를 얼마나 자주 일상 속에서 접하느냐는 점이다. 브이로그 콘텐츠, 릴스, 쇼츠처럼 짧지만 자주 등장하여 반복적으로 노출되는 콘텐츠가 관계를 유지하게 만든다. 자신의 닉네임을 불러주고 안부를 묻는 대화가 관계를 더 발전시킨다.

매일 같은 시간 인스타그램에 커피 사진을 올리는 인플루언서가 있다고 가정해보자. 커피 사진과 함께 공감 에세이를 작성해 인플루언서가 되었다. 에세이도 큰 역할을 하지만, 마치 정해진 시간에 밥을 같이 먹는 룸메이트 같은 느낌이 사람들을 불러 모은다. 감정적으로 동행한다. 매일 보는 사람이라는 점이 포인트다. 반복은 익숙함을 만들고, 익숙함은 신뢰를 낳는다.

느슨함은 단점이 아니다. 오히려 지금 트렌드의 관계 맺기 방식이다. 강한 유대보다는 가벼운 교감이 오래간다. 팬카페는 닫혀가고 있지만, 인스타그램 DM, 콘텐츠에 달리는 댓글은 북적거린다. 느슨함은 Z세대와 알파세대가 리드한다. 이들은 빠르게 공감하고 이탈한다. 하지만 다시 돌아올 여지를 남긴다. 나가도 되는 관계를 선호하며, 관계 자체에 얽매이지 않고 자신이 필요할 때 돌아올 수 있는 구조를 좋아한다. 굳이 표현한다면 이런 식이다.

+ 유튜브에서 '자주 보이던 사람'이 아니라 '가끔 보이는데 반가운 사람'
+ 릴스를 보며 팔로는 하지 않지만 저장했다가 다시 보는 일

관계의 밀도는 중요하다. 얼마나 자주 대화하는지, 얼마나 많은 시간을 함께 보내는지가 핵심이다. 하지만 지금은 '얼마나 자주 마주치는

가'도 중요하다. 기왕이면 가벼운 마음으로 마주치면 더 좋다. 팬덤은 단단한 연대보다 일상의 틈을 차지하는 정서적 루틴이 됐다. 콘텐츠와 인플루언서가 주는 루틴의 감각이 관계로 발전하는 것이다.

느슨한 팬덤은 같은 주제나 취향, 비슷한 감정 상태로 묶이기도 한다. 예컨대 '웃긴 쇼츠 모음'을 좋아하는 사람들끼리 정체성 기반 팬덤을 만든다. 혹은 '기분 전환이 필요한 사람들' 또는 '출근할 때 댄스 음악 듣는 사람들'과 같이 콘텐츠 중심으로 모이기도 한다. 해시태그 대신 정서 코드로 관계가 구성된다. 해시태그는 그저 콘텐츠를 선별 노출해주는 일종의 필터일 뿐이다. 진짜 연결은 콘텐츠를 보기 전후로 만들어진다. 보기 전에는 같은 콘텐츠를 찾는 동질감이, 본 후에는 같은 감정을 느끼는 마음을 따라 모인다. 이 콘텐츠를 제공해준 사람은 자연스럽게 팬덤이 생긴다.

유튜브와 인스타그램에는 일상 콘텐츠가 많다. 자신의 일상을 공유한다. 배경음악은 대부분 저작권 없는 무료 음원이다. 일상도 새로울 건 없다. 대신 자신의 일상에서 대중이 공감할 수 있는 부분을 찾아 콘텐츠의 중심으로 활용한다.

숏폼에는 혼자 산책하는 콘텐츠도 있다. 이 역시 특별할 건 없다. 걸어가며 찍는 영상이 전부다. 하지만 이런 영상 역시 대중이 공감할 만한 부분을 찾아 강조한다. 자신의 이야기에서 공감대를 형성하거나 대중의 이야기를 듣는다. 사실 2가지 케이스 모두 특정한 정보나 키워드는 없다.

AI 시대의 개막과 함께 특정 동물을 활용한 계정들도 눈에 들어온다. AI를 활용해 스크립트를 짜고, AI가 만든 영상에 동물을 등장시켜 스크립트에 따라 영상을 만든다. 여기에 더빙을 입히는 방식인데, 조회수가 어마어마한 수준이다. 이 계정들은 대부분 생활 밀착형 스토리를 활용한다. 다이어트에 대한 공감 에피소드, 또는 직장 생활 스트레스에 대한 공감 에피소드 등이다.

언급한 사례들은 공통점이 있다. 지금 당장 쓸모 있는 지식을 얻는 것도 아니고, 이른바 노출이 잘되는 키워드가 존재하는 것도 아니다. 하지만 정서적으로 연결되니 계속 본다. 이들도 결국 인플루언서다.

이러한 변화와 함께 댓글이 과거보다 훨씬 중요한 커뮤니케이션 공간이 되었다. 특히 릴스나 쇼츠 기반 콘텐츠에서는 콘텐츠보다 댓글 반응이 더 주목받기도 한다. "이 댓글 보고 웃었다", "이거 내 얘긴 줄" 같은 반응이 커뮤니티가 아닌 정서 집합을 만들어낸다. 댓글은 감정을 확인하는 공간이다. 감정에 대해 공감대가 만들어지면 콘텐츠와 인플루언서에 대한 정서적 신뢰가 생긴다. 팬덤은 콘텐츠가 아니라 댓글 속에서 자라기도 한다.

그렇다면 인플루언서 3.0 시대에 팬덤 만들기는 어떻게 해야 하는 걸까? 다음 5가지 이슈를 참고하면 좋다.

1. 감정을 먼저 설계하기

콘텐츠는 정보보다 감정을 남겨야 한다. 웃음, 위로, 안정, 활력 중 하나에 집중해 반복된 감정을 설계해야 한다. 반드시 제시된 감정을 활용할 필요는 없다. 하지만 감정을 느끼도록 해야 한다.

2. 습관이 되도록 하기

매일 보게 만드는 패턴을 설계하라. 루틴형 콘텐츠 구조가 중요하다. 시간, 형식, 톤앤매너의 일관성이 핵심이다.

3. 댓글을 전략적으로 관리하기

댓글은 관계의 출발점이다. 피드백, 감정 리액션 유도, 큐레이션이 필요하다. 일명 CTA(call to action)라고 칭한다. 행동이나 반응을 요청하고, 직접 대응하며 커뮤니티를 형성해야 한다.

4. 연결 지점 제시하기

사실 인플루언서는 많다. 냉정하게 말하면 그 사람이 없어도 답답할 대중이 많지 않다. 그러니 이별과 만남을 지속할 것이다. 중요한 건 이별했어도 돌아올 수 있는 연결 지점이 필요하다는 것이다. 인스타 스토리, 유튜브 커뮤니티, 릴스, 쇼츠 등 콘텐츠를 가볍게 소비하며 다시 몰입할 수 있는 지점을 만들어야 한다. 떠나가려는 사람을 붙잡을 필요는 없지만, 돌아오겠다는 사람을 막을 필요도 없다.

5. 팬카페 대신 정서적 유대 만들기

브랜드나 인플루언서가 특정 감정의 루틴을 제공하면 느슨한 팬덤이 형성되고 그게 곧 시장이 된다. 하지만 카페와 같은 공간은 옛 말이다. 접근성이 떨어지기 때문이다. 물리적 공간 없이도 정서적 공감만 계속 이어진다면 딱히 문제는 발생하지 않는다. 공간 형성보다 감정 전달에 더 힘을 쏟아야 한다.

팬덤은 이제 열광이 아니라 습관이고, 충성이 아니라 반복이다. 이 시대의 팬은 멀리서 보고, 가끔 반응하고, 어느 날 사라졌다가 다시 돌아온다. 인플루언서와 브랜드는 이런 정서 기반 루틴을 설계해야 한다. 매일 조금씩, 그러나 꾸준히 마음을 남기는 콘텐츠가 진짜 팬덤을 만든다.

6

CONSUMPTION

인간성 회복 프로젝트:
테크 피로 이후의 감각 회귀

TRENDS + −

만드는 과정 자체가 신뢰?
촉각이 대세가 된 4가지 이유

어느 날 다시 펜을 들었다. 키보드가 익숙해진 탓인지 어색했다. 하지만 평소 쓰던 글을 한 글자씩 종이에 옮겼다. 오랜만에 느껴보는 필기구의 촉감이 좋았다. 키보드의 둔탁한 촉감보다 의미 있게 다가왔다. 그래서 요즘은 습관적으로 짧은 글을 작성한다. 조금씩 익숙해지니 디지털 시대가 가져온 피로감이 풀리는 것 같다. 그래서 더 몰입하고 있다.

디지털 세상이 열리며 우리는 눈과 간단한 손짓으로만 세상을 소비해왔다. 이미지, 영상은 시각 중심이다. 클릭과 스크롤은 가장 익숙한 손동작이 되었고, 손짓에 따라 도파민이 터지는 세상에 익숙해졌다. 하지만 바로 그 손끝이 가장 먼저 피로를 호소하기 시작했다. 온갖 인터페이스가 손을 활용하지만 진짜 감각은 마비되었다. 만지고, 느끼고, 스스로 창조하는 경험은 사라지고, 정보만 소비하는 삶이 일상이 되어버린 것이다.

역설적이게도 이 디지털 과잉이 사람들을 다시 '손'으로 이끌고 있다. 다시 뭔가를 만들고 싶고, 직접 다듬고 싶고, 오롯이 나만의 시간을 손끝으로 느끼고 싶은 욕구가 커지고 있다. 이제 촉각은 단지 물리적 감각이 아니라 인간성 회복의 대표적 사례로 자리매김했다.

이 트렌드의 시작은 팬데믹이다. 팬데믹 때문에 취미에 대한 관점이 급변했다. 단순한 여가 소비에서 벗어나, 사람들은 무언가를 만든다는 감각에 몰입하기 시작했다. 도예, 자수, 뜨개질, 목공, 향초, 제과 등 손을 사용하는 취미가 빠르게 확산했다. 엔데믹 이후 이 흐름은 사라질 것으로 보였다. 하지만 2026년을 맞이하며 더 강해지고 있다. 단순히 유행하는 취미가 아니라 깊은 정서 회복 욕망이 반영되었기 때문이다.

사람들은 자신이 만든 결과물과 함께, 결과물을 만들어낸 과정을 소중히 여기기 시작했다. 무언가를 만들고 있는 동안에는 스마트폰을 보지 않아도 되고, 디지털 세상과 잠시 단절된 듯한 느낌을 받을 수 있었기 때문이다. 그렇게 탄생한 수많은 취미 공방은 일종의 감각적 회복 공간으로 자리 잡았다.

사실 촉각을 위해서는 귀찮은 과정이 동반된다. 해야 할 일이 많다. 대표적으로 LP를 떠올려본다. 디지털 세상에서는 음원이 LP 역할을 한다. LP는 비효율적이다. 음악을 듣기 위해 레코드를 꺼낸다. 턴테이블 위에 올리고, 듣고 싶은 음악이 위치한 트랙에 바늘을 가져간다. 음악이 나오긴 하는데, 문제는 몇 곡 없다.

반면 음원은 클릭 또는 터치 한 번으로 음악이 나온다. 한계가 없다. 존재하는 음원은 다 들을 수 있다. 음악을 찾는 과정도 검색 몇 번으로 끝난다. 추천까지 해주니 더할 나위 없다.

여기까지만 들어보면 레코드를 선택할 이유가 도무지 없어 보인다. 하지만 많은 이가 레코드를 선택한다. 일명 아날로그 리바이벌 현상이다. 레코드가 다시 팔리고, 필름카메라가 품귀 현상을 빚는다. 오래된 기술의 유행은 아니다. 느린 감각, 그리고 촉각에 대한 회귀로 봐야 한다. 레코드는 음악을 느린 속도로 따라가게 만든다. 스트리밍으로 듣는 것과는 다른 차원의 몰입이 존재한다. 앞뒤로 넘기기가 없기에 처음부터 끝까지 듣게 되고, 앨범의 스토리까지 함께 받아들인다. 필름카메라는 순간을 포착하기 위해 더 많이 기다려야 하며, 결과를 확인하기까지 시간이 필요하다. 하지만 이런 과정이 오히려 설렘을 준다. 즉각적인 결과보다 예측 불가능한 기다림에서 오는 감정이 새롭기 때문이다.

아날로그는 단순한 복고 열풍이 아니다. 속도와 효율에 밀려 희생된 감각의 복원이며, 디지털로 지친 이들을 보듬는 회복의 장이다. 브랜드와 기관도 이 변화를 감지하고 있다. 단순한 제품 판매가 아니라, 손으로 느끼는 경험을 중심에 두는 전략이 확산되고 있다.

리바트는 팝업을 열었다. 그런데 그냥 팝업이 아니다. 체험형 콘텐츠에 더해 원데이 클래스를 기획했다. 리바트 공식 온라인몰에 입점한 수제 가구, 공예품 공방 작가들이 직접 참여해 다양한 클래스를 열었다. 클래스 참가 비용은 대중적 가격대였으며, 이 참가비는 리바트몰에서 공방 제품을 구매하면 사용 가능한 쿠폰으로 돌려줬다. 물론 팝업 자체도 좋은 체험이다. 하지만 여기에 촉각을 활용한 창조의 경험이 더해지면 더 오래 기억할 수 있다.

그냥 팝업이 아니라 직접 만드는 팝업이다. (출처: 리바트)

리바트의 사례에서 볼 수 있듯, 촉각의 귀환과 함께 팝업은 더 정교해지는 과정을 거친다. 과거에는 소위 '볼거리'에 집중했다. 화려하게 꾸며놓은 공간은 팝업의 성패를 좌우했다. 하지만 이제는 직

색깔로 감성을 찾으니 브랜드를 더 잘 기억하게 되었다.
(출처: 삼화페인트공업)

접 만져보고 실행할 수 있는 프로그램이 필요하다. 촉각을 원하는 대중이 많을뿐더러, 촉각이 기업과 브랜드를 기억하게 만든다는 사실을 깨달았기 때문이다. 팝업은 그래서 더 정교해진다. 공간 가득 포토 스폿만 채우는 구성은 점점 힘을 잃고 있다.

삼화페인트공업은 감각 체험형 클래스를 운영했다. 감성 기반 컬러 프로그램이었는데, 색채 강연과 실습형 체험을 결합한 일일 체험 교육이었다. 콘셉트는 조금씩 바뀌었다. 대표적으로는 향수와 관련된 체험이 있었다. 향수를 만들고 그 향기에 어울리는 컬러를 선택하는 방식이다. 삼화페인트는 체험 교육에서 참가자가 색채를 향기로 확장하는 감각적인 체험을 제안했다. 참가자가 떠올린 색채 이미지를 향기와 연결하는 과정에서 일상의 감각을 보다 감성적이고 아름답게 느낄 수 있도록 했다. 페인트는 대중적 아이템은 아니다. 그래서 더욱 대중적 인지 과정이 필요했을 것이다. 촉각에 대한 관심이 돌아오고 있다는 사실에 착안해 뻔한 광고 대신 택한 이 프로젝트는 아주 트렌디했다.

여기서 촉각은 단순히 손으로 느끼는 감각이 아니다. 디지털 세상에서 느끼기 어려웠던 세상의 질감을 다시 느끼려는 감성적 움직임이다. 나무 표면, 도자기의 울퉁불퉁함, 천의 질감, 손 글씨를 쓰는 종이의 느낌 등이 대표적이다. 이 모든 감각은 디지털 인터페이스가 줄 수 없는 것이다.

지금까지 언급한 것은 촉각의 귀환이 이뤄진 첫 번째 이유다. 과연 정서적 과정에 대한 추구가 모든 걸 설명할 수 있을까? 아니다. 불확실성에 대한 이슈도 함께 생각해야 한다. 앞서 2026년 메가트렌드를 설명하며 경제적·사회적 불확실성을 이야기했다.

이번에는 디지털의 불확실성이다. 디지털은 빠르고 가볍다. 하지만 바로 이 속성이 사람들에게 불확실성을 증폭시킨다. 스크롤을 멈추면 모든 것이 사라지고, 디지털상의 관계는 단절도 쉽고 간편하다. 디지털은 눈으로 확인한 존재가 아니다. 언제든 덧없을 수 있다.

이런 맥락에서 촉각이 재부상하는 이유는, 촉감을 통해 불확실성을 해소할 수 있기 때문이다. 촉감은 확정된 감각이다. 진짜 존재하고 있는 무언가를 느끼고자 하는 마음이 커진 것이다. 우리가 손끝으로 느끼는 모든 것은 디지털로 대체하기 어려운 확장된 경험이다. 세상이 불확실할수록 더욱 절실한 감각이다.

불안한 시대일수록 사람들은 무언가 확실하게 존재하는 것, 믿을 수 있는 것, 만질 수 있는 것을 갈망한다. 이러한 감각은 감정적으로는 안정감, 인지적으로는 현실성을 강화한다. 실내에 흙을 들여놓는 도심 속 가드닝 클래스가 인기 있는 이유도, 직접 가죽을 재단하는 수제 공예 워크숍이 확산되는 이유도, 모두 이 촉각의 확정성을 경험하고자 하는 욕구에서 비롯된다. 디지털 콘텐츠는 언제든 수정 가능하고 삭제 가능하지만, 손으로 만든 물건은 지우기 어려운 흔적을 남긴다. 바로 이 점이 존재에 대한 확신을 주며 안정감을 가져온다.

정서적 변화에 브랜드는 대응하고 있다. 소비자 경험 설계에 다채로운 촉각의 경험을 연결한다.

DIY의 의미를 더 자세히 생각할 필요가 있다.(출처: 이케아)

이케아는 DIY 가구 브랜드다. 사용자가 직접 조립해야 한다. 그런데 이 가구를 자세히 생각해보면 촉각적으로 완성된 경험이다. 나사 조이는 소리, 나무 표면을 손으로 쓰다듬는 일 등 생각보다 많은 경험이 복합적으로 이어진다. 촉각을 중심으로 경험을 확장하는 것인데, 자신이 구매한 가구를 실존적으로 느끼는 기회를 제공한다. 다른 DIY 브랜드도 마찬가지다.

그래서 2026년의 트렌드는 DIY를 더 의미 있게 정의할 가능성이 높다. 애플도 비슷한 방향성이 있다. 애플 매장은 재질의 촉감을 정교하게 연출해놓았다. 자사 제품을 느끼는 방식을 제시하는 것과 같이 느껴진다. 유리(각종 액정 및 글래스)의 차가움, 알루미늄의 무게, 마감의 촉감은 기기를 단순히 기능으로 따지던 사람들에게 색다른 경험을 제공한다.

촉각이 만들어내는 결과와 효과는 생각보다 다양하다. 일단 브랜드나 제품에 대한 신뢰를 만드는 건 기본적 효과다. 보통 촉각은 불안을 잠재우는 감각이라고들 말한다. 심리학에서는 이를 촉각 기반 자기 조절이라고 부른다. 그래서 팬데믹 이후 다양한 촉감 기반 상품들이 유행하기도 했다. 이를테면 담요, 쿠션과 같은 제품들이다. 불확실성은 2026년을 상징하는 키워드 중 하나다. 그러니 촉각이 주목받는 건 당연한 일이다.

유대를 구현하는 효과도 있다. 포옹, 악수, 토닥임 같은 접촉은 인간관계의 복잡한 정서를 가장 쉽게 전달한다. 디지털 커뮤니케이션이 활성화될수록 이런 과정들은 생략된다. 결핍이 생긴다. 결핍을 해결하는 건 결국 촉각을 되살리는 것이다.

촉각이 귀환한 이유 중 세 번째는 배움이다. 촉각은 인지 학습에 영향을 미치는 주요 감각이다. 단순한 체험이 아니라 정보를 기억하고 구조화하는 메커니즘으로 작용한다. 그래서 박물관이나 어린이 대상 체험관은 시청각 자료뿐만 아니라 직접 만지며 학습할 수 있는 인터랙티브형 전시를 지향한다.

2026년의 트렌드는 여러모로 더 나은 삶을 추구한다. 웰니스 열풍도 결국 더 잘 살기 위한 노력이다. 그러니 학습과 새로운 세상에 대한 인지는 필수다. 촉각은 여기서도 중요하다.

네 번째는 자기 확신이다. 앞에서 잠깐 언급한 내용이다. 촉각은 인간이 자신의 몸을 인식하는 근본적 감각이다. 철학적 존재론의 영역에서도 다루는 내용이다. AI는 존재에 의문을 던지고 있다. 실체가 없는 디지털 기기 속 존재가 나에게 말을 걸기 때문이다. 당연하지만 화면 속 존재보다 손으로 만질 수 있는 자신에게 실제적 존재감을 느낀다. 결국 촉각을 통해 자신의 존재에 대한 확신을 얻게 된다. 디지털 환경이 가져온 외로움과 비인간성은 촉각으로 해결해야 한다.

커스터마이징된 제품을 바로 받아보며 촉감으로 느낀다.
(출처: 나이키)

브랜드의 커스터마이징 상품은 이제 필수적 요소가 되었다. 나이키 역시 마찬가지다. 커스텀 난이도에 따라 조금씩 다르긴 하나, 대부분 3시간 안에 자신만의 제품을 받아볼 수 있다. 나이키는 고객이 원하는 요소를 선택하면 눈앞에서 프린트하며 제품의 존재감을 느끼게 만든다. 완성된 제품을 바로 만져보며 존재감을 확신할 수 있는 과정이 이어진다. 최종적으로 나만을 위한 제품이 실제로 존재한다는 기쁨으로 연결된다. 이 기쁨은 대부분 SNS에 업로드되어 퍼져나간다. 제품을 인증하거나 콘텐츠를 업로드할 가능성이 매우 높기 때문이다. 이처럼 브랜드의 촉각 적용은 마케팅의 영역까지 영향을 준다는 사실을 알아야 한다.

디지털은 편리하고 강력하지만, 인간적이진 않다. 우리는 매일 디지털 세상과 연결되어 있으면서도 정작 살아 있다는 감각을 점점 잃고 있다. 그래서 사람들은 다시 촉각으로 살아가려 한다. 손에 남는 흔적을 경험하려 애쓴다. 즉, 촉각은 감각 중심의 생존 전략이다.

무용한 것들의 위로, 쓸모없음이 실용성이 되다?

아주 오랫동안 우리는 '쓸모' 중심 소비를 해왔다. 어떤 물건이든 기능이 있어야 하고, 기능은 실용성과 직결되었다. "이건 도대체 뭐에 쓰는 물건인가?"라는 질문은 무언가를 평가할 때 가장 먼저 던지는 기본값이었다. 가성비, 효율, 속도, 결과 등 모든 게 실용성과 연결됐다. 반대로 실용적이지 못한 것을 소비하는 건 낭비로 간주했다.

하지만 언제부턴가 이상한 일이 벌어지기 시작했다. 기능이 없는 물건에 사람들이 지갑을 열기 시작한 것이다. 쓸모없는 것들을 서로 선물하며 웃음꽃을 피우고, 조약돌을 책상 위에 올려두며 차분해졌다고 말하고, 8시간 동안 빗소리만 나오는 영상을 틀어놓고 잠에 들었다. 아무런 기능도 없는 것들이, 삶을 살아가는 데 필요한 것보다 더 많은 효용성을 드러내기 시작한 것이다.

그래서 2026년의 소비 흐름은 그간의 실용주의에서 벗어나 정서적 실용성으로 이동하고 있다. 겉보기에 쓸모없어 보이는 것이 오히려 가장 강력한 실용성을 드러내는 시대, 무용함이 주는 위로다. 이것은 새로운 소비의 조건이다.

그렇다면 도대체 쓸모는 무엇으로 정의해야 하는가? 쓸모는 늘 물리적인 결과와 연결돼 있었다. 하지만 감정이 피로하고, 정보가 넘치며, 일상이 빠르게 소모되는 시대에는 기분이 결과보다 중요하다. 피곤한 하루 끝에 허브티를 마시면서 건강 기능성보다 향과 온기에 위로를 느끼는 것처럼 말이다. 무용한 것들은 감정의 회복을 가능하게 한다. 반드시 필요하지는 않지만, 나를 나답게 만들어준다. 없어도 사는 데 지장은 없지만, 있음으로써 삶의 온도가 올라간다. 이것이 지금 우리가 무용한 것에 기대는 이유다.

물론 감정적 실용성은 쓸모없음을 합리화하는 개념은 아니다. 의미 없는 소비를 스스로 위로하는 개념도 아니다. 오히려 그 쓸모없음이 가진 정서적 효용을 직접적으로 마주하고자 하는 노력이다. 기능은 없지만 감정은 생긴다. 실익은 없지만, 존재의 위안이 된다. 그리고 사람들은 그 위안을 위해 돈을 쓴다.

실제로 SNS에서는 쓸모없지만 예쁜 것에 관련한 해시태그가 넘쳐난다. 주로 나무 조각, 미니 도자기, 손으로 그린 일러스트 엽서, 빈티지 장난감 같은 것들이다. 이 물건들의 공통점은 기능이 명확하지 않다는 것이다. 하지만 그 안에는 감정이 담겨 있고, 주인의 취향과 생각이 묻어난다. 내가 본 한 콘텐츠의 인터뷰에서 소비자는 이렇게 말했다.

"제 책상에 있는 건 거의 다 쓸모없어요. 근데 이게 없으면 제가 안심이 안 돼요."

책상 위에는 친구에게 선물받은 코스터, 낙서해놓은 종이 몇 장, 그리고 공방에서 직접 만든 손잡이가 삐뚤어진 컵이 놓여 있었다. 이 물건들은 아무런 결과를 생산하지 않는다. 하지만 삶을 감싸는 일종의 정서적 방패로 작용한다. 그렇게 무용한 것들이 사람을 지킨다.

최근에는 이러한 정서적 실용성을 겨냥해 아예 쓸모없음을 전면에 내세운 브랜드나 공간이 생겨나고 있다. 한 서점은 책보다 쓸모없는 것들이 더 많다. 일명 책과 관련된 아무것도 아닌 제품들이다. 이 제품들은 철저히 감각을 위한 존재다. 구매한다고 해도 딱히 쓸모는 없다. 이런 공간들은 행동을 강요하지도 않는다. 아무것도 하지 않아도 괜찮다. 상점에 방문하면 반드시 무언가를 구매해야 한다는 부담감을 내려놓는 것이다. 이 과정을 통해 쓸모없는 것들이 놓여 있는 공간이 오히려 더 매력적이라는 걸 느낄 수 있다.

앞서 언급했던 쓸모없는 것 선물하기도 여전히 인기 있다. 친구끼리 정말 쓸모없는 물건을 선물하는 것이다. 일부러 선물 받을 사람이 기겁할 만한 아이템을 고른다. 선물을 주고받으며 크게 웃는다. 이 웃음 속에는 더 돈독해지는 관계의 미학이 숨어 있다.

심지어 무용한 제품군을 늘리는 브랜드도 많다. 제품은 브랜드의 철학을 담는 게 일반적이다. 그게 아니라면 일명 '○○ 라인'이라는 이름을 붙여가며 시리즈 제품을 만든다. 해당 라인 안에 들어가는 제품들이 같은 특색을 지니는 식이다. 하지만 요즘은 그렇지 않다. 도무지 맥락을 알 수 없는 제품도 많고, 실질적인 변화를 가져다주지 않는 제품도 있다. 모두가 감정적 온도를 조절하는 데 초점이 맞춰져 있다. 돈값을

하지 못해도 상관없다.

　무용한 것들의 효과를 정리해보면 다음과 같다. 일단 이것들은 기억의 수단이다. 물건 자체가 아니라 그 물건이 불러일으키는 감정이 중요하다. 사람들은 추억을 기억하기 위해 사진보다 오래된 티켓을 간직한다. 콘서트장의 떨림은 영상보다 손에 쥔 굿즈에 남는다. 오래된 티켓도 굿즈도 일상에 변화를 가져다주는 물품은 아니다. 하지만 어떤 장면, 감정, 시간을 떠오르게 하는 매개체가 된다.

　더 나아가 무용한 것들은 몰입을 가능하게 한다. 취미를 위해 수집하는 아이템은 생산성을 보여주진 못한다. 하지만 아이템을 찾고, 구매하고, 또 진열하는 과정에 몰입한다. 자신이 좋아하는 것을 통해 위로받고 기쁨을 찾는다.

　돌봄의 의미도 함께 생각해볼 필요가 있다. 팬데믹 이후 사람들의 정서는 확연히 달라졌다. 사람들은 효율성과 속도에 지친 나머지, 목표 없는 행위에서 회복을 느낀다. 무언가를 하지 않아도 괜찮다는 마음은 치유의 기반이 되었고, 무용한 행위가 오히려 자신을 돌보는 일이 된 것이다. 이런 감수성은 단순한 소비 트렌드의 변화가 아니라, 감정 구조가 달라졌다는 사실을 뜻한다. 우리의 삶은 늘 성과로 규정된다. 생산성 중심 문화는 정서적 탈진을 가져왔고, 일상에서 만날 수 있는 위안을 찾게 만들었다. 무용함은 스트레스를 줄이는 도구다. 또한 의미 없는 상태에 의미를 부여하는 역설적 상황을 가능하게 만든다.

　우리가 무용하다고 부르는 것들은 사실 삶의 감정적 공백을 채워주는 것들이다. 의미를 설명할 수는 없지만, 감정을 덮어주고 위로해주는 방식으로 기능한다. 사람들은 효율적인 활동만으로는 채워지지 않는 부분이 있다는 걸 알게 되었고, 그 빈자리를 아무것도 아닌 것으로 메우는 중이다. 별다른 기능이 없는 키덜트 피겨나 손으로 만지작거리는 보들보들한 장난감, 무의미한 낙서로 가득 찬 노트 같은 것들이 그렇다. 이런 것들이 중요한 이유는 다양한 기능보다 그냥 옆에 있는 것만으로도 느낄 수 있는 안정감 때문이다. 마치 애착 인형 같은 역할을 한다. 어떤 감정은 말로 설명되지 않고, 어떤 피로는 타인이 제시한 해결책으로 풀리지 않는다. 이럴 때 쓰임 없는 사물이나 목적 없는 행위가 조용히 감정을 보듬는다.

무언가 하지 않으면 불안을 느끼는 사람이 많다. 하지만 애초에 그럴 필요가 없다. 특히 2026년을 살아가는 대중은 이런 불안감이 부질없다는 걸 이미 깨달았다. 쓸모없음은 감정의 기복을 완화하고, 소위 '멍때리는 시간'도 가능하게 한다. 결국 무용한 것들은 말로 명확히 설명할 수 없고, 구조화되어 있는 효용성의 가치를 따르지 않는다. 그러나 분명한 정서적 기능을 갖는다. 의미 없는 것들로부터 오는 위안, 목적 없는 상태에서 느끼는 오묘한 해방감이 있다. 어쩌면 쓸모없음은 가장 실용적인 가치가 될 수도 있는 것이다.

돌멩이도 반려 시대다. 반려돌을 기르는 사람들 때문이다. 정말 돌멩이다. 스타일을 정해 꾸며주면 반려돌이 된다. 고독과 번아웃에 지친 사람들이 반려돌을 찾았다. 스스로 위로받는다고 말한다. 사

돌멩이도 위안을 줄 수 있다.

실 반려돌은 무용하다. 기능성을 따진다면 초라해지는 존재다. 하지만 사람들은 반려돌에 열광한다. 위안을 주는 대상이기 때문이다. 이 사례에서 반려돌의 기능성은 정서적 효과로 정의된다. 이처럼 눈에 보이는 기능만이 쓸모를 설명해주진 않는다.

그렇다면 무용함이 실용성을 갖기 위해서는 어떤 조건이 필요할까? 핵심은 감정 회복이다. 피로 사회 속에서 사람들은 감정을 재충전할 수 있는 방법을 찾는다. 그 방법이 바로 기능 없는 물건, 목적 없는 취미, 효율성 없는 시간일 수 있다.

A는 취미로 드로잉을 하는 직장인이다. 아무도 보지 않을 스케치를 매일 그린다. 스케치를 할 뿐 완성작은 없다. 하지만 그는 일상에서 오는 피로감이 덜하다고 말한다. B는 향초를 수집하는 자영업자다. 단지 향기가 좋다는 이유로 수십 개의 향초를 모은다. 일상에 쓸모는 없다. 향을 태우는 시간이 아니라 고르는 시간이 더 소중하다고 한다.

이처럼 무용한 것은 성과가 아닌 과정의 충실함을 강조한다. 그 행위가 내 안의 리듬을 회복시켜준다면 실용적인 무용함이 된다. 예컨대 무작위 ASMR 영상이 인기를 얻는다. 구성의 이유는 없다. 목적도 없다. 그냥 좋은 소리만 들려준다. 이런 콘텐츠의 특징은 의도를 말하지 않는다는 점이다. 하지만 사람들은 이런 콘텐츠를 통해 감정적으로 연결되고 심리적 위안을 받는다. 실용성이란 결과가 아니라, 감정을 위로받는 시간을 경험하는 것이라는 새로운 정의도 생각할 수 있다.

새로운 개념의 실용성도 중요하지만, 무용함 자체가 의미 있는 상황도 생각할 필요가 있다. 다음 3가지 조건이 필요하다.

첫 번째는 진정성이다. 억지로 만든 쓸모없음은 작위적이다. 진정한 무용함은 '하려고 한 게 아니라 그냥 그런 것'이어야 한다. 기획이 아니라 정서적 자연스러움이다.

두 번째는 리듬의 회복이다. 정해진 흐름이 없어야 한다. 받아들이는 사람마다 다른 자기만의 속도로 흘러가는 행위. 그것이 삶의 리듬을 복원한다.

세 번째는 여백의 허용이다. 지금까지의 트렌드는 여백을 지워왔다. 무용함이 의미를 가지려면 어떤 것도 하지 않을 수 있는 여력이 필요하다. 일정, 계획, 수익률 등으로 꽉 찬 삶 속에서 의도적인 비움을 만들 수 있어야 한다.

2026년의 트렌드는 기능성보다 정서, 가치보다 감각, 결과보다 과정을 중심으로 재편되고 있다. 그리고 이 변화의 핵심에는 무용함이 있다. 무용한 것들은 비효율이나 낭비가 아니다. 삶을 다시 호흡하게 하고, 감정을 재생하며, 개인의 정체성을 회복할 수 있게 돕는다. 자체로 위로이며, 자기표현이며, 트렌드를 대변하는 상징이다. 쓸데없는 소비는 없다. 그 소비야말로 나 자신을 위한 것이며, 스스로를 재충전하는 가장 큰 사건일 수 있다. 지나치게 머리가 아픈 당신이라면 굳이 모든 것에 의미를 두지 말라. 무용함에 기대어 스스로를 격려하며 삶의 속도를 조절하라. 이게 바로 2026년의 트렌드를 살아가는 방식이다.

느림의 기술, 속도를 줄이는 전략 3가지

우리는 '속도'의 시대에 살고 있다. 다음의 몇 가지 개념을 보자.

+ 필요한 제품을 구매하면 대부분 하루 뒤에 도착한다.
+ 소규모 장보기는 1시간 안에 배송된다.
+ 검색 결과는 입력과 동시에 출력된다.
+ AI는 대화를 건네는 동시에 반응한다.
+ 전자기기의 성능이 좋아져 딜레이가 거의 발생하지 않는다.

'빨리빨리'로 정의되던 한국 사회의 초상을 말할 필요도 없다. 우리 주변에 존재하는 건 대부분 빠르다. 스마트폰을 켜는 순간부터 끊임없이 밀려드는 알림, 소셜미디어의 초 단위 업데이트, 실시간 응답을 요구하는 업무, 그리고 속도로 도파민을 터뜨리는 숏폼까지, 우리는 말 그대로 속도에 중독된 사회에 살고 있다.

하지만 언제부턴가 이 속도의 시대에 균열이 가기 시작했다. 특히 팬데믹 이후 사람들은 속도가 아닌 느림에서 안정을 찾기 시작했다. 퇴근 후 밀린 드라마를 몰아 보는 대신 책 한 페이지를 천천히 넘기고 싶고, 1박 2일의 압축 여행보다는 한 달 살기를 꿈꾼다. 지금 아니면 안 되는 조급한 일상에서 벗어나고 싶은 욕망은, 느림이라는 키워드에 진지하게 반응하게 만들었다. 그래서 여기서는 앞선 촉각의 귀환에서 잠깐 언급한 느림의 가치를 자세히 알아보고자 한다.

2026년 소비자들은 새로운 요소를 원한다. 정서적으로 안전한 공간, 몰입 가능한 시간, 속도보다 감정이 앞서는 관계를 찾는다. 느린 공간, 느린 콘텐츠, 느린 브랜드. 그 느림 속에서 브랜드나 기업을 알아가는 새로운 과정을 창출한다. AI 알고리즘이 모든 걸 예측하고, 취향 저격 상품이 배달되는 시대다. 하지만 사람들은 오히려 예측 가능한 소비에 피로감을 느낀다. 반복되는 콘텐츠, 비슷한 추천 제품, 선택된 경로 안에서만 머무는 소비 경험은 결국 자신이 주도하는 소비에 대한 감각을 잃게 만든다.

우리는 그래서 가장 **빠른** 것 대신 가장 오래 남을 것을 고르는 변화를 만든다. 차 한 잔을 마시러 한참 걸려야 도착하는 골목 찻집을 택한다. 또는 배송이 하루나 이틀 이상 늦어지는 핸드메이드 브랜드를 고른다. 이 두 사례에는 속도보다 강력한 서사가 있다. **빠르게** 선택하면 소비의 이유를 설명할 틈이 없다. 느리게 선택해야 비로소 이야기가 만들어진다.

물론 우리가 마주하고 있는 속도의 핵심 문제는 더 다양하다. 대표적으로 주의력이 떨어지고 있다는 사실을 생각할 수 있다. 스마트폰 알림처럼 우리의 집중력은 5초 단위로 끊긴다. 메타가 발표한 주의력 리포트에 따르면 Z세대는 하루 평균 76번 이상 스마트폰을 확인한다. 1분 이상 지속된 콘텐츠에 머무르는 비율은 전체 소비의 20%에 불과하다. 콘텐츠, 업무, 인간관계 모두가 짧고 **빠르다**. 오래 머무를 틈을 주지 않는다.

　이러한 환경은 단지 디지털 미디어의 문제가 아니다. 최근까지 알려진 여러 연구에 따르면 빠른 전환은 뇌의 피로도를 가중시키고 공감 능력을 약화시킨다. 일상에서의 깊이 있는 경험을 단절시킨다. 결국 빠름은 편리함을 넘어서 피로를 야기한다. 그러니 반작용이 필요하다. 수많은 문제를 해결하기 위해 느림을 절실히 갈망하게 된 것이다.

　MZ세대와 알파세대는 빠른 세대로 보이지만 실상은 그 반대다. 그들은 빠름에 익숙한 만큼 느림의 가치를 잘 인식한다. 유튜브 쇼츠나 릴스를 즐기면서도 한편으로는 한 달에 책 1권 읽기 챌린지에 참여하거나, SNS 사용을 멈추고 디지털 디톡스를 선언한다. 앞뒤가 맞지 않은 행동 같지만, 속도가 가져온 문제들의 해결 방안을 찾기 위한 노력이다. 이런 과정에서 느림은 단순한 반작용이 아니라 의식적 선택이 되었다.

　이런 경향은 앞서 언급한 한 달 살기와 같은 개념에서 적극적으로 나타난다. 한 달 살기는 단순한 여행이 아니다. 빠름에 쫓기던 시간의 흐름 속에서 느림을 활용해 더 많은 감각과 경험을 담고자 하는 시도다. 다른 말로 표현하자면 시간의 밀도를 높이는 선택이다.

　우리는 과거에 얼마나 많은 일을 해냈는지를 자랑하던 시대를 지나 얼마나 '깊이 있게' 경험했는가를 자랑하는 시대로 들어섰다. 이는 시간의 속도가 아니라 밀도를 중시하는 흐름이다. 시간의 밀도란 단순히 오래 머문다는 의미가 아니다. 한정된 시간 동안 얼마나 많은 감각을 경험하느냐를 표현하는 개념이다. 이 개념은 소비 트렌드 곳곳에서 드러난다. 사람들이 좋아하는 것은 빠르게 소비하는 것이 아니라 깊게 몰

파인다이닝 열풍은 여러 가지로 해석할 수 있다.

입할 수 있는 구조다.

밀도를 쉽게 이해할 수 있는 사례가 몇 가지 있다. 파인다이닝 열풍이 대표적이다. 파인다이닝은 고급 식사를 뜻하는 단어다. 보통은 긴 시간 동안 다양한 요리가 제공된다. 파인다이닝에 대한 관심은 새로운 경험에 대한 호기심과 각종 예능을 통한 셰프의 재발견이 큰 역할을 했다. 하지만 시간의 밀도에 대한 접근도 만만치 않다. 방금 언급한 대로 파인다이닝은 긴 시간 동안 음식이 제공된다. 빠르게 식사를 해결하고 다른 일을 해야 하는 사회적 분위기에 맞지 않는다. 하지만 대중은 미식 경험을 밀도 있게 즐기고 싶어 한다. 요리 주제에 따라 밀도 있는 맛의 경험을 제공하니 느낌의 미학을 온전히 느낄 수 있어 파인다이닝을 선택한다. 전통주나 발효 음식에 주목하는 흐름 역시 같은 맥락에서 해석할 수

분명 느리지만 대중은 더 좋아한다.(출처: 무인양품)

있다.

마케팅에서 콘텐츠가 강조되고 있는 흐름도 느림의 미학으로 해석할 수 있다. 광고보다 콘텐츠를 선호하는 세대가 시장에서 주류를 이루고 있는 건 사실이다. 하지만 본질을 좀 더 따져보면 광고는 빠르고 콘텐츠는 느리다. 광고는 대부분 짧은 시간 안에 광고 메시지를 전한다. 반면 콘텐츠는 천천히 스며들어야 한다. 해당 콘텐츠에 공감하는 대중이 생길 때까지 기다려야 하기 때문이다. 그러니 느림에 해당할 텐데, 이런 방식이 주류를 이루고 있는 상황은 결국 의도를 빠르게 드러내는 광고에 대한 반작용이라고 봐야 할 것이다.

브랜드는 이런 흐름을 놓치지 않았다. 빠르게 정보를 소비하는 환경 속에서 느림은 일종의 차별화 요소가 되었다. 많은 소비자가 기다릴 가치가 있는 경험에 집중하거나, 재촉하지 않는 브랜드에 집중하기 시작했다.

무인양품은 판매 공간 내에서 빠르게 쇼핑하기가 어렵게 설계되어 있다. 물건은 일목요연하게 배치되어 있으나 동선은 친절하지 않다. 게다가 제품 간 간격도 넓은 편이다. 하지만 이 디자인은 쇼핑을 관찰과 선택이라는 두 감각의 결합으로 확장시킨다. 매장에서 보내는 시간을 늘리되, 스트레스를 유발하지 않음으로써 느림을 긍정적인 체류로 전환한다.

혼족과 관련된 다양한 사례들도 느림의 일부다. 혼자 있는 시간이 의미 있는 삶의 방식으로 재해석되면서, 혼자서 천천히 하는 것이 일종의 트렌드가 되었다. 혼족 문화는 단순한 고립 상태가 아니라 속도와 밀도를 스스로 결정하는 자유다. 누군가와 일정을 맞추지 않아도 된다. 또한 타인의 시선에 구애받지 않고 나만의 루틴을 설계할 수 있다. 그래서 혼밥은 식사의 기능을 넘어, 자신만의 리듬과 감각을 따라 하루를 마무리하는 시간으로 여겨진다. 누군가와 대화를 나누며 식사해야 했던 과거와 달리, 오늘날의 혼밥은 유튜브나 OTT를 곁들이며 나의 취향에 몰입하는 시간이 된다. 혼캠핑 역시 디지털 디톡스를 위한 대표적인 혼족 활동으로, 자연의 리듬에 자신을 맡기고 느림을 실천하는 방식으로 자리 잡았다.

이제 혼자 있음은 스스로 시간을 디자인하는 사람의 선택으로 받아들여진다. 느림은 어쩔 수 없는 수동적 상태가 아니라, 감각적으로 선택한 삶의 전략이다. 빠르게 경쟁하듯 움직이는 세상 속에서, 혼자 걷는 사람만이 자신만의 속도로 풍경을 감상할 수 있다. 이 속도에 맞춰서 많은 상품이나 서비스가 이어질 것이다.

물론 느림은 단지 속도를 줄이는 일이 아니다. 속도만 줄인다면 의미가 없다. 경험의 시간을 늘려야 한다. 빠른 소비는 얕고 가볍다. 하지만 느림은 더 깊고 더 오래 남는다. 사람들은 이제 단순히 시간을 보내는 것이 아니라, 그 시간을 채우는 방식에 관심을 갖는다. 경험은 자연발생적인 개념이 아니다. 그래서 철저한 큐레이션이 필요하다. 큐레이션이란 본래 예술 전시에서 기획자가 관객의 동선을 따라 작품의 의미를 재구성하는 행위였다. 이제는 일상으로 이 감각이 확장되고 있다. 나의 시간에 맞는 장소, 감정, 분위기를 고르는 것이다. 기업과 브랜드는 선택지를 제공하는 역할을 충실히 수행한다.

에어비앤비는 느린 여행을 제안하고 있다.(출처: 에어비앤비)

에어비앤비는 과거와 달리 여정을 중심으로 콘텐츠를 큐레이션하고 있다. 여행 일정도 중요하지만, 여행을 통해 방문한 장소에서 어떤 기분을 느낄 수 있는지 말한다. 또 어떤 경험을 할 수 있는지를 설명하며 제안하기도 한다. 2026년의 대중은 속도전을 선호하지 않는다. 여행을 통해 감정을 느끼고 의미 있는 경험을 하려면 과거보다 느려져야 한다. 시선이 달라지니 속도는 떨어졌다. 하지만 콘텐츠에 대한 반응은 오히려 증가했다.

공간들은 상품보다 취향을 파는 방식으로 확장되고 있다. 상품을 파는 건 빠르게 끝나지만 취향을 파는 데는 시간이 필요하다. 많은 공간이 느린 속도에 맞춰가고 있다. 감도 높은 편집숍, 서점, 디퓨저 전문 상점 등은 단순한 소비를 유도하지 않는다. 함께 느끼고 싶은 정서를 큐레이션하는 공간이다. 이때 필요한 건 방대한 옵션이 아니라 정제된 제안이다.

느린 속도에 대한 대중의 관심을 반영하기 위해 고려해야 할 조건은 많다. 하지만 최소한 다음 3가지를 고민하면 더 나은 접근이 가능해진다.

첫째, 경험을 큐레이션해야 한다. 느림을 전략으로 가져가려는 브랜드는 선택지를 무한정 던지는 방식이 아니라, 감각적 흐름을 설계하는 방식으로 접근해야 한다. 선택지를 던지는 과정은 경험 큐레이션보다 단순하고 쉽다. 하지만 지나친 선택지는 오히려 산만함을 가져올 수 있다는 걸 기억해야 한다.

둘째, 흐름을 창조해야 한다. 속도만 느려지면 다 좋은 걸까? 흐름 없는 느림은 이탈을 부른다. 느려야 할 이유를 찾지 못하기 때문이다. 경험의 리듬을 생각하고, 대중이 공감하는 사이클을 창조해야 한다. 흐름이 있다면 느림에 이유가 생긴다. 하지만 반대로 흐름이 없으면 느림에 당위성을 부여하기 어렵다.

셋째, 여백을 만들어야 한다. 모든 걸 미리 설명하는 브랜드보다는 상상할 수 있는 여백을 남겨주는 브랜드가 더 오래 남는다. 고객은 그 공간과 제품에서 스스로의 감정을 끌어낸다. 느린 속도로 말이다.

우리는 그동안 너무 많은 것을 너무 빠르게 소비해왔다. 속도는 효율을 가져왔지만, 동시에 경험의 깊이를 앗아갔다. 기억에 남지 않는 감정들, 경험을 음미하기도 전에 밀려오는 새로운 자극들, 그리고 끝없이 반복되는 피로감에 휩싸였다. 그래서 사람들은 이제 속도 대신 느림을 택한다. 하지만 느림은 단순한 반작용이 아니다. 덜어냄의 미학이며, 채움의 기술이다. 빠르게 흘러가는 시간 속에서도 더 진하게 머무는 감각을 선택하는 것이다. 느림은 시간 낭비가 아니라, 일상의 경험을 의미 있게 채우는 시도다. 지금 여러분은 어떤 속도에 맞춰 걷고 있는가? 느림의 미학은 우리에게 새로운 기회를 선사할 것이다.

다시 길어지는 콘텐츠 시장, 사랑받는 롱폼의 5가지 조건

한때 콘텐츠 시장은 짧아야 산다고 했다. 짧음은 절대 진리였다. 유튜브 쇼츠, 인스타 릴스, 틱톡이 만들어낸 숏폼 전성시대다. 이 안에서 브랜드와 크리에이터는 '15초 안에 이목을 끌 것', '처음 3초에 후킹할 것'이라는 공식을 세웠다. 정보는 압축됐고 감정은 즉각 느껴지는 개념이 되었다. 스토리는 구조가 아닌 짧은 자극의 흐름 속에서 도파민의 노예로 전락했다.

하지만 2026년 기묘한 반전이 일어날 것으로 보인다. 많은 사람이 다시 길게 머무는 콘텐츠를 찾기 시작한 것이다. 바쁜 일상 속에서 짧은 콘텐츠로 숨을 돌렸던 이들이, 오히려 천천히 흐르는 이야기에 더 깊은 몰입을 느끼고 있다. 이는 단순히 숏폼 피로나 영상 과잉 때문만은 아니다. 사람들은 이제 더 긴 시간 동안 더 많은 것을 느끼고 싶어 한다.

숏폼 콘텐츠가 제공하는 것은 즉각적인 만족이다. 하지만 그 만족은 종종 빠르게 사라지고, 깊은 인상을 남기지 않는다. 우리는 이미 알고 있다. 진짜 이야기는 단숨에 끝나지 않으며, 좋은 감정은 빠르게 오지 않는다는 사실을 말이다.

롱폼은 단지 길다는 의미가 아니다. 롱폼은 맥락을 담는 그릇이고, 감정을 축적할 수 있는 시간이며, 관계를 구축할 수 있는 서사의 터전이다. 뉴스레터, 블로그, 장편 유튜브, 브랜디드 다큐멘터리, 긴 호흡의 시리즈 콘텐츠가 재조명되는 이유도 여기에 있다. 특히 MZ세대, 그리고 새롭게 부상하는 알파세대는 길다는 것에 피로감을 느끼면서도, 동시에 깊다는 것에는 감정적으로 반응한다. 즉, 이들은 숏폼만 즐기는 세대는 아니다.

이 현상들은 심리학적으로도 설명할 수 있다. 뇌는 정보보다 이야기 구조를 더 잘 기억한다. 단순한 팩트나 메시지는 잊히지만, 감정 곡선을 따라 움직이는 스토리는 오래 남는다. 롱폼 콘텐츠는 바로 이 감정 곡선을 설계하는 데 유리하다. 숏폼은 즉각적 재미를 준다. 하지만 감정 곡선까지 설계하기에는 한계가 뚜렷하다. 긴 이야기만이 잔상을 남긴다.

브랜드들도 이제 롱폼을 다시 들여다보고 있다. 단 몇 초 안에 마케팅을 끝내던 시대는 지났다. 대신 긴 호흡으로 감동을 말하고, 오래 몰입할 수 있는 콘텐츠를 주목한다. 오래 머문다면 그만큼 밀도 있게 마케팅 메시지에 노출된다는 사실을 깨달았기 때문이다.

생각해보면 넷플릭스는 다큐에 진심이다.(출처: 넷플릭스)

대표적 OTT 서비스 넷플릭스는 숏폼에 집중하지 않는다. 오히려 1시간짜리 롱폼을 연속으로 배치해 몰입감 있는 장기 소비 구조를 만들어냈다. 대표적인 카테고리가 다큐멘터리다. 영화나 드라마는 롱폼이라는 걸 모두가 알고 있기 때문에 상관 없지만, 숏폼 시대에 다큐멘터리는 다소 어울리지 않는 측면이 있다. 하지만 넷플릭스는 문화, 사건, 스포츠, 역사 등 다양한 분야에서 다큐멘터리를 선보이며 누구보다 다큐에 진심이다. 이는 단지 분량을 늘리기 위한 시도가 아니다. 이야기의 기조를 유지하면서 정서적 잔상을 남기기 위함이다. 넷플릭스는 사용자를 재미로 끌어들이되 정서적 연결 고리를 만들며 이탈을 막는다.

MZ세대와 알파세대는 짧은 콘텐츠에 익숙하지만, 동시에 그것이 자신을 설명해주지 못함을 자주 체감한다. 그래서 롱폼 콘텐츠에 안정감을 느낀다. 정서적 효과가 쌓이고 자기 세계와 연결될 수 있는 콘텐츠다. 마치 정서적 허브 같다. 대중이 열광하는 웹예능이 좋은 사례다. 웹예능은 대부분 롱폼이다. 예능의 일부분을 숏폼으로 전달하는 경우가 있지만, 전체적인 콘텐츠의 결은 롱폼을 봐야 알 수 있다. 예능이라 내용이 재미있다는 게 해당 콘텐츠가 인기를 얻는 가장 큰 이유일 것이다. 하지만 많은 사람이 마치 함께 지내는 친구처럼 롱폼을 받아들인다. 이를테면 식사할 때 틀어놓고, 잠들기 전에 틀어놓는 식이다. 숏폼은 빠른 재미를 주지만, 친구처럼 곁에 두기에는 무리가 있다. 롱폼은 숏폼과 존재 의미를 다르게 가져가며 숏폼의 부족한 측면을 적극적으로 채우고 있다.

그렇다면 롱폼으로의 회귀에는 정서적 측면만 존재하는 걸까? 그렇지 않다. 롱폼은 그 자체가 문화적 자산이다. 과거의 방송 콘텐츠는 1회당 1시간 분량이 보통이었고, 사람들은 그 리듬에 익숙했다. OTT 플랫폼의 성장과 함께 에피소드형 롱폼 콘텐츠는 디지털 서사의 새로운 표준으로 자리 잡았다. 단순히 OTT가 TV를 대체했다기보다, 긴 이야기를 천천히 따라가며 몰입하는 문화가 대중의 습관이라는 것이다. 플랫폼의 변화에 따라 다양한 이슈가 발생할 수 있지만, 롱폼이 가지는 의미 자체는 퇴색하지 않는다. 이미 우리는 숏폼 시대에도 인기를 얻는 긴 서사의 드라마를 자주 만나고 있다. 짧아야 먹힌다는 디지털 콘텐츠의 고정관념은 매번 도전받고 있다.

게다가 2026년 트렌드를 살아가는 브랜드의 변화도 영향을 준다. 앞에서도 강조했지만, 2026년의 브랜드는 제품만을 팔지 않는다. 스토리, 정체성, 감정을 설계한다. 여기서 롱폼 콘텐츠는 브랜드의 세계관을 심화시키는 가장 중요한 수단이다. 단편 콘텐츠로는 왜 이 브랜드가 존재하는가를 설명할 수 없기 때문이다. 브랜드가 전하는 메시지가 일관되고 감정적으로 풍부하면, 사람들은 그것을 브랜드의 광고가 아닌 콘텐츠로 받아들인다. 롱폼 콘텐츠는 이 과정을 가능하게 한다.

롱폼 콘텐츠의 본질은 길이에 있지 않다. 지속가능성이라는 키워드와 연관되어 있다. 정보는 쏟아지는데 기억나는 건 하나도 없다. 그럴수록 사람들은 다시 오래 남는 콘텐츠를 원하게 된다. 반복해서 봐도 좋은 콘텐츠, 맥락을 곱씹을 수 있는 콘텐츠, 그리고 깊이 몰입할 수 있는 콘텐츠를 원하게 된 것이다. 롱폼 콘텐츠 소비는 자기 정체성과의 연결 행위이기도 하다.

'나는 이 이야기를 좋아해.' '나는 이런 생각을 오래 소비하고 싶어.' '나는 이런 삶을 지향해.'

이러한 태도는 단지 콘텐츠 소비가 아닌 삶의 태도를 반영한다. 이 때문에 사람들이 10분이 넘는 브이로그, 1시간짜리 인터뷰, 책을 요약하지 않고 정독하는 콘텐츠에 시간을 투자한다. 단순히 정보를 얻는 것이 아니라 그 안에서 자신을 발견하고 연결되기를 원한다.

숏폼이 새로운 대중에게 최대한 노출시키기 위한 도구라면, 롱폼은 팬을 만드는 도구다. 브랜드, 크리에이터, 미디어 모두 롱폼을 통해 진정한 관계를 설계한다. 실제로 수많은 인플루언서들이 유튜브, 블로그, 뉴스레터 등의 롱폼 콘텐츠를 통해 자기 세계관을 구축하고, 충성도 높은 팬층을 만든다. 그들은 짧은 영상 하나로는 팬을 만들 수 없다는 것을 알고 있다. 그래서 꾸준히 작성하는 긴 글과 맥락 있는 이야기 구조로 팬과 호흡한다.

뉴스레터가 대표적 사례다. 국내에도 분야별로 사랑받는 뉴스레터가 많고, 해외에도 좋은 사례가 많다. 미국 뷰티 브랜드 레어뷰티(Rare Beauty)는 브랜드 뉴스레터를 꾸준히 활용하고 있다. 숏폼 시대가 열렸지만 레어뷰티는 흔들리지 않았다. 제품 개발 과정, 자사 웰니스 캠페인, 제작팀 인터뷰 등을 긴 형식으로 담아내는 전략을 구사했다. SNS와 이커머스에서 판매 중심 활동에 피로를 느끼는 소비자를 공략했는데, 구독자의 충성도와 커뮤니티 참여도를 크게 끌어올렸다. 뉴스레터는

뉴스레터를 아직도 옛날 방식이라고 생각하는가?

대표적인 롱폼이다. 숏폼 시대를 역행하는 전략이 통했다고 할 수 있다.

뉴스레터뿐만 아니라 SNS에서도 변화는 감지된다. 실제로 링크드인을 활용한 뉴스레터 발행이 꾸준히 늘어나고 있다. 롱폼을 활용해 직업, 전문성을 기반으로 브랜딩을 진행한다. 기업 브랜디드 다큐나 강연 형식의 콘텐츠도 증가세다. 국내외 기업들은 자신만의 전문 분야를 중심으로 롱폼 콘텐츠를 활용해 신뢰와 이미지 구축을 시도한다. 개인 브랜딩을 목표로 하는 전문가들도 마찬가지다. 단순 정보 제공이 아니라 관계 형성을 노리는데, 숏폼으로는 달성하기 쉽지 않은 목표다.

이렇듯 다시 돌아온 롱폼은 우리에게 많은 메시지를 던진다. 성공적인 활용을 위해 사랑받는 롱폼의 조건을 생각해보자.

첫째, 지식보다 이해를 요구하는 콘텐츠

지식도 좋다. 하지만 정보 전달을 뛰어넘는 맥락이 있어야 한다. 기왕이면 서사적 구조가 연결되어야 하고, 주제가 일정하게 전개되어야 하며 구조화된 이야기 흐름이 존재해야 한다. 이를 통해 단순 자극이 아니라 적정 수준의 이해도가 필요한 콘텐츠를 기획해야 오래 볼 수 있다. 맥락 없이 분량만 늘린다고 해서 롱폼이 되는 건 아니다.

둘째, 시간을 투자할 만한 콘텐츠

롱폼 콘텐츠는 소비를 위해 시간을 투자해야 한다. 바쁜 일상에 시간 투자가 가능한가 싶기도 하다. 하지만 대중은 생각보다 시간 투자에 인색하지 않다. 충분한 가치가 있다면 말이다. 콘텐츠가 자신의 관심사와 일치하고, 보는 동안 몰입이 가능하다면 기꺼이 움직인다. 따라서 몰입 포인트를 정확히 설정해 반영해야 한다. 보통 롱폼은 질문, 탐색, 이해, 결론의 구조를 가진다. 이 구조에 따라 기획을 진행한다.

셋째, 브랜드보다 사람을 보여주는 콘텐츠

롱폼은 콘텐츠 길이가 길다. 그리고 긴 시간 동안 브랜드만 나오는 걸 선호하는 대중은 없다. 이야기의 주인공이 브랜드가 되는 순간 대중은 광고로 인식해 이탈한다. 사랑받는 롱폼은 브랜드보다 제작자, 화자, 서술자의 관점이 살아 있다. 이는 곧 신뢰의 기반이 된다. 브랜드의 관점을 잠시 내려놓고 대중의 관점에서 궁금한 이야기, 혹은 대중이 활용할 수 있는 이야기들을 생각하면 좋다. 대중을 향한 경험과 시선이 공유되는 롱폼이 관계를 만든다.

넷째, 설명보다 느낌을 강조하는 콘텐츠
짧은 콘텐츠는 즉각적인 반응을 끌어내지만 롱폼은 여운을 남긴다. 사랑받는 롱폼은 독자의 감정을 조율할 수 있어야 한다. 직접적으로 감정을 언급하기보다, 콘텐츠 전개를 통해 자연스러운 유도가 이어지는 게 중요하다. 보통 롱폼의 감정 전개 흐름은 긴장, 해소, 공감의 구조를 가진다. 감정의 고조와 잔상이 콘텐츠의 마무리에 남아야 한다

다섯째, 해석의 여지를 주는 콘텐츠
롱폼의 또 다른 강점은 독자의 해석력을 자극한다는 점이다. 좋은 롱폼은 정보를 다 주는 것이 아니라 여지를 남긴다. 이 해석의 여지가 공유를 부르고, 많은 댓글이 달리게 만든다. 질문을 제기하는 방식을 고민하면 좋다. 확실성도 중요하지만, 생각할 여지와 의문을 남기고 이에 반응하는 구조를 형성해야 한다.

롱폼은 불리한 조건이 아니다. 정보가 넘치는 시대다. 특히 숏폼은 자극적 정보가 많다. 이에 지친 사람들은 천천히, 깊이, 오래 머무를 수 있는 콘텐츠를 찾는다. 롱폼은 2026년 이후 콘텐츠 시장의 대안이 될 것이다.

7

CONSUMPTION

생성되는 직업들,
1인
르네상스

TRENDS + −

나는 누구와 일하는가: AI와의 '공동 창업' 시대

내가 처음 창업한 시기를 떠올린다. 경험과 지식이 모두 부족했다. 당시에는 모든 걸 혼자 해내야 한다는 어려움이 나를 더 힘들게 만들었다. 그렇다면 어려움은 현재 진행형일까? 적어도 2026년에는 다르다.

2026년, 우리는 1인 창업이라는 말을 다시 정의해야 할 시점에 있다. 과거의 1인 창업자는 물리적으로도 심리적으로도 혼자 일해야 했다. 기획도 혼자, 실행도 혼자, 마케팅도 혼자 수행했다. 하지만 이제 AI가 함께 기획하고, 콘텐츠를 만들고, 편집도 도와주며, 웹사이트도 코딩 없이 뚝딱 만들 수 있다. 창업 이전과 이후 각종 업무에 필요한 요소들을 AI가 수행할 수 있다.

이런 기술 환경은 1인이라는 말이 무색한 창업 환경을 만든다. 동료는 사람이 아닌 AI다. 물론 AI는 감정도 의사 결정권도 없다. 하지만 수많은 창작자와 창업자가 느끼는 감정은 분명하다. AI는 더 이상 도구가 아니라 업무 과정을 함께 수행하는 파트너라는 것이다.

챗GPT의 등장은 1인 업무의 지형을 바꿔놓았다. 이전에도 마케팅 자동화 도구, 디자인 템플릿 툴, 워드프레스 같은 콘텐츠 관리 시스템(CMS) 플랫폼이 있었지만, 텍스트 기반으로 아이디어 구상과 실행을 동시에 지원하는 AI는 없었다. 이제는 글을 써달라면 써주고, 말투를 바꿔달라면 바꿔주고, 이메일의 뉘앙스를 조절하라면 조절한다. 이 과정에서 사용자는 도구가 아니라 대화 가능한 상대와 함께 일한다는 인식을 갖게 된다. 회의하고 수정하며 함께 결과물을 완성한다는 감각이 AI를 동료로 받아들이게 했다.

이런 변화 속에서 AI를 공동 창업자로 인식하는 사례들도 늘고 있다. 예를 들면 이렇다. 챗GPT로 기획안을 작성하고, 미드저니(Midjourney)로 이미지를 생성하며, 런웨이(Runway)로 편집한다. 이런 방식으로 매주 정해진 분량의 유튜브·인스타그램 콘텐츠를 제작한다. 이 과정을 통해 콘텐츠 강의나 템플릿을 판매할 수 있으며, 각종 제작 업무를 수행할 수 있다. 다른 형태도 생각해볼 수 있다. 디자인은 캔바(Canva), 콘텐츠는 챗GPT, 이메일은 노션 AI(Notion AI), 스케줄링은 재피어(Zapier)로 자동화한다. AI 툴과 함께 일하며 각종 대행 업무를 수행할 수 있다. 고객은 회사와 일한다고 생각한다. 하지만 실상은 사람 1명과 AI 도구의 협업체다. AI는 공동 창업자이자 언제든 불러낼 수 있는 동료다.

아이디어가 있지만 만들 수 없었던 사람들에게 AI는 실행 도구이자 확장 기계다. '무엇을 만들까'만 고민하면 '어떻게'는 AI가 돕는다. 챗GPT는 단순한 텍스트 자동화 도구가 아니라, 흩어져 있는 사고 과정을 정리하는 일도 맡는다. 마케팅 계획, 고객 분석, 콘텐츠 기획 등 의사 결정 보조 역할을 한다. 창업의 가장 큰 리스크 중 하나는 혼자 감당해야 하는 모든 일이다. AI는 이 리스크를 획기적으로 줄여준다.

지금까지 언급한 과정을 보면, 이제 사람들이 AI를 관계의 프레임으로 받아들여야 하는 시점이다. 단순한 자동화 기술에 대한 감탄은 끝났다. 함께 일하고 대화하며 피드백을 주고받는 파트너십에 대한 감정이 나타나고 있다.

흥미로운 건 AI가 때때로 사람의 자신감을 북돋는 역할도 한다는 것이다. AI는 실수도 하고, 과한 제안도 하며, 때로는 엉뚱한 이야기를 한다. 이 지점에서 사람은 여전히 AI보다 자신이 더 잘할 수 있는 업무가 많다는 사실을 알게 된다. 사람이 존재해야 하는 이유를 다시 깨닫는 것이다.

우리는 이제 누구와 일하냐는 질문을 새롭게 정의해야 하는 상황이다. 조금 더 정확히는 이렇게 물어야 한다.

"나는 AI와 어떻게 일할 것인가?"

AI는 도구다. 하지만 이제는 긴밀한 업무 협력 관계도 작동한다. 이것이 1인 르네상스를 가능하게 한 실질적 힘이다. 협업의 시대는 끝났다. 함께 존재하는 '공존'의 시대가 시작된 것이다.

'나도 되는 건가요?': 평범한 사람이 브랜드가 되는 공식

브랜드라는 단어는 너무 거대하게 느껴진다. 로고, 슬로건, 광고 등 다양한 재료가 떠오른다. 그래서 기업의 전유물처럼 여겨졌다. 실제로 브랜드를 지배해온 주인공은 대부분 기업이다.

하지만 1인 르네상스가 새로운 기회를 만든다. 누구나 브랜드가 될 수 있는 시대다. 심지어 브랜드가 되지 않으면 살아남기 어렵다는 말까지 나온다. 이유는 간단하다. SNS와 유튜브, 블로그 등 공개된 플랫폼에서 신뢰 구조 없이 활동하는 건 불가능에 가깝기 때문이다. 브랜드란 결국 신뢰 구조를 한 줄, 혹은 독립된 이미지로 요약한 것이다. 그리고 지금 신뢰는 기업뿐만 아니라 사람에게도 쌓인다. 그래서 개인도 브랜드가 된다. 하지만 대부분의 사람은 이렇게 묻는다.

"나는 유명한 사람도 아니고 말을 잘하는 것도 아닌데 과연 브랜드가 될 수 있을까?"

결론부터 말하자면 된다. 2026년의 트렌드를 생각하고 있는 우리는 이렇게 생각해야 한다. 브랜드는 완성형이 아니라 진행형이기 때문이다. 기업은 포지셔닝이 중요하지만, 개인은 정확한 방향성의 공유가 더 중요하다. 1인 르네상스의 시대는 새로운 브랜드의 조건을 펼치기에 최적화된 환경을 제공한다.

우리는 대부분 일관된 이야기를 이미 가지고 있다. 나는 누구인지, 지금까지 무엇을 계속 말하고 실행해왔는지를 생각한다. 이게 정체성의 기본이다. 신뢰 쌓기도 가능하다. 하루이틀 활동한 이력으로는 어렵다. 하지만 최소한 같은 분야에서 꾸준히 활동했고, 또 앞으로도 활동할 것이라면 충분히 신뢰를 확보할 수 있다. 대중에게 제공할 가치도 있을 것이다. 여기서 가치란 대중에게 도움이 되는 말이다. 혼자 만족하는 방식은 고려 대상이 아니다. 대중에게 팔려 나갈 것보다, 도움이 되는 것을 앞세워야 한다. 이 과정을 반복하면 신뢰받는 이름이 될 수 있다. 이게 곧 1인 르세상스 시대의 브랜드다.

다음의 몇 가지 사례를 보자. 이 사례는 평소 내가 지켜봐왔던 사람들의 브랜딩 과정을 짧게 정리한 것이다. 실명을 언급하긴 어려워 에피소드만 제공한다는 것을 미리 밝힌다.

사례 1: 1인 창업을 성공시킨 브랜드형 마케터
직장인으로 일하던 A는 회사 외 활동으로 블로그에 마케팅 인사이트를 정리했다. 이후 뉴스레터로 구독자를 만들고, 온라인 플랫폼을 활용해 뉴스레터와 책 등을 홍보했다. 이제 그는 작은 퍼스널 브랜드로 소개받으며 외부 강연을 다닌다. 자본은 없었다. 하지만 꾸준한 노력이 브랜드를 만들었다.

사례 2: 브랜드 없이 시작해 스타일로 각인된 UX 디자이너
UX 디자이너 B는 인스타그램에 노코드 도구 사용법을 정리한 릴스를 올리며 인기를 끌었다. 디자인 감각과 정보의 밀도를 결합한 콘텐츠는 빠르게 공유되었고, 기업이 DM으로 강의를 요청한다. 그가 가진 것은 이름보다 스타일과 콘텐츠였다.

사례 3: 1인 크리에이터의 작은 브랜딩
한 책방 운영자는 하루하루 책방의 풍경을 사진과 짧은 글로 올린다. 말하자면 콘텐츠는 특별하지 않다. 하지만 특유의 분위기가 사람들을 머물게 하고, 책을 주문하게 만든다. 그가 파는 건 책이 아니라 분위기와 신뢰다.

3가지 사례 모두 꾸준한 방법으로 브랜드를 만들어냈다. 많은 사람이 1인 르네상스의 브랜드 만들기를 너무 거창하게 받아들인다. 하지만 브랜드는 완성된 채로 존재하는 게 아니다. 과정이 쌓이며 형성되는 것이다. 1인 르네상스 시대의 브랜드 핵심은 공유와 대화라는 걸 기억하자.

다만 공유와 대화를 진행한다고 무조건 브랜드가 만들어지는 건 아니다. 자신만의 문장을 생각해야 한다. 같은 소재를 가지고도 다르게 말하는 사람이 있다. 마치 동일한 재료를 가지고 다른 요리를 만드는 것과 같다. 문장은 대중의 언어여야 한다. 기업의 언어도 좋은 선택이지만, 대중은 이해하기 어려울 수 있다. 그러니 대중이 가장 선호하고 많이 쓰는 방식으로 자신을 말할 수 있어야 한다. 심지어 이제는 기업도 늘 대중의 언어를 사용한다. 특히 IT 등 기술 중심 분야는 언어를 혼동하는 경우가 많다. 기술에 대한 표현은 업계 내부에서 통한다. 전문가가 사용하는 기술 언어 역시 같은 업계에서만 이해한다. 대중은 자신의 입장에서 설명해주길 바란다. 또한 일부 전문가들의 전문성이 자신들에게 어떤 도움이 될지 알고 싶어 한다. 이런 부분에 대해 정확히 설명하는 게 대중의 언어다.

오뚜기는 캔참치를 리뉴얼하여 출시하며 고단백을 강조했다. 참치가 단백질 섭취에 어울리는 좋은 식재료라는 점을 말한다. 이미 모두가 알고 있는 사실이다. 하지만 리뉴얼하며 굳이 이 부분을 강조한 이유는 결국 대중이 현재 원하는 게 바로 웰니스라는 걸 알고 있기 때문이다. 이처럼 제품 리뉴얼조차 대중의 언어를 활용한다. 공감을 만드는 브

요즘 리뉴얼은 '그냥' 리뉴얼이 아니다. (출처: 오뚜기)

랜드의 모습이 대중의 언어를 사용하는 첫걸음이지만, 대중이 원하는 트렌드를 적극적으로 반영하는 것 역시 대중의 언어다.

게다가 요즘은 브랜드가 운영하는 계정이 사람처럼 말하려 애쓴다. 대중으로부터 동떨어진 기업의 계정이 아니라 옆에 있는 친구 같은 느낌을 주기 위해서다. 브랜드와 대중 사이에 벽이 생기면 소통할 수 없다. 따라서 대중의 언어를 사용해 친근함을 더하는 것이다.

이런 변화를 본다면 1인 기업의 브랜드화는 오히려 더 쉽다. 사람 그 자체가 브랜드이고, 대중 가까이에서 소통하는 특성 때문이다.

따라서 누구나 브랜드가 될 수 있다. 단, 누구나 브랜드가 되도록 설계해야 한다. 브랜드는 우연이 아니라 고감도 구조다. 신뢰는 쌓이고, 소통은 이어지고, 결과는 남는다. 그러니 시작은 이렇게 하면 된다. '도대체 나는 어떤 방식으로 대중의 언어를 활용할 것인가?' 이 문장에서부터 여정을 시작하길 바란다.

새로운 직업의 지도:
역할 시대를 대비하는 3가지 방법

"어떤 일을 하세요?"

2026년, 우리가 타인의 직업을 물어보며 던질 수 있는 가장 이상적 질문이다. 모두가 알고 있는 조직에서 일하는 건 좋은 일이다. 하지만 그 조직이 모든 걸 설명하는 시대는 끝났다. 조직에서 수행한 일로 스스로를 설명할 수 있어야 한다.

정체성은 소속보다 역할로 증명된다. 더 이상 명함이나 직급이 중요한 게 아니라, 무엇을 할 수 있는가가 나를 설명한다. 그리고 이 같은 변화는 기술 발달과 함께 기능 중심의 노동시장이 성장한 덕분이다. 플랫폼이 새로운 방식의 노동 방식을 제시했고, 뉴미디어는 각자의 업무를 외부로 알릴 수 있는 공간을 제공했다. 두 공간 모두 기능 중심 소개가 필요하다.

파이버(Fiverr)라는 플랫폼을 보자. 파이버에서는 디자이너 같은 직함 대신 "빈티지 스타일의 흑백 로고 디자인을 24시간 내에 완성합니다"처럼 정확한 기능 단위로 노동을 설명한다. 디자인도 영역이 많다. 더 이상 포괄적인 타이틀로 자신을 포장할 수 없다. 자신을 제대로 설명하지 못하기 때문이다. 대신 필요한 일을, 필요한 조건으로, 정확하게 제안한다. 플랫폼의 작동 방식도 기능 중심으로 흘러가고 있다.

이런 변화는 노동의 세분화를 넘어선다. 새로운 직업 형식의 출현을 뜻한다. 한 사람이 다양한 직업을 가질 수 있다. 카피라이터, SNS 마케터, 이메일 마케팅 캠페인 운영자 등으로 동시에 활동할 수 있다. 각각이 수입원이 된다. 이 구조를 가능하게 만드는 핵심 도구가 바로 AI다. 앞서 지적한 대로 챗GPT는 아이디어 도출부터 글쓰기, 스타일 변환까지 돕고, 미드저니는 시각화를, 노션 AI는 보고서 작성까지 대신 한다. AI는 하나의 직업을 서포트하는 게 아니다. 역할들의 집합을 가능하게 만드는 기술이다.

AI가 개인의 기능 정의를 돕는 시대가 심화된다면 이력서가 필요 없을 수도 있다. 포트폴리오와 실적 그리고 피드백이 곧 나의 이력이다. 기능 중심 플랫폼들은 새로운 노동의 지도를 만들고 있다.

deel.

딜의 핵심은 수행 가능한 역할이다.(출처: 딜)

deel(딜)은 글로벌 고용 플랫폼으로, 기업과 전문가가 직함 없이 역할 단위로 계약을 맺도록 설계되어 있다. 예를 들면 기업은 '소셜미디어 전략을 3개월간 설계하고 실행할 수 있는 인력'을 찾는다. 이때 중요한 건 학벌과 경력이 아니라 역할 수행 능력이다. 당연하지만 이 능력을 입증하려면 단순 이력보다 포트폴리오나 실적이 중요하다.

1인 르네상스 시대는 이런 새로운 노동 지도가 등장했기 때문에 가능해졌다. 만약 소속이 더 중요한 시대가 이어졌다면 사람들은 대부분 좋은 공동체에 진입하기 위해 노력할 것이다. 1인 르네상스는 꿈도 꾸지 못했을 것이다. 하지만 노동에 대한 접근이 달라지며 새로운 생각이 가능해졌고, 여기에 AI의 등장이 게임 체인저 역할을 했다. 새로운 생각을 할 수 있는 환경이 만들어졌다.

역할은 유연하게 수행된다. 직장보다 직무를 중심으로 일하기 시작한 탓이다. 실제로 해외에서는 '부분적 최고마케팅책임자(Fractional CMO)'라는 개념이 빠르게 확산하고 있다. 이들은 하나의 기업에 소속되지 않고 여러 기업의 브랜드 전략을 동시에 수행한다. 마치 외부 이사처럼 마케팅 방향을 잡고, 전략을 짜고, 가이드를 제공한 뒤 물러난다. 이 모델을 가능케 한 기반에는 역시나 AI와 협업 도구가 있다. 전략 수립은 챗GPT, 보고서 작성은 노션 AI, 일정 관리 및 커뮤니케이션은 슬랙(Slack)과 재피어를 이용해 혼자서도 여러 조직과 동시에 일할 인프라를 만들 수 있다.

그래서 1인 르네상스 트렌드는 하나의 고정된 직업이 아니라, 자신의 능력을 조합해 직업을 만드는 시대를 상징한다. 이해를 돕기 위해 가상의 예시를 만들어보았다.

월~화: 챗GPT를 활용해 콘텐츠 기획자로 활동
수~금: 챗GPT를 활용해 뉴스레터를 발송하며 개인 브랜드 축적
주말: 플랫폼을 통해 템플릿, 지식, 강의를 판매

이 사례의 주인공은 일주일 동안 여러 직업으로 수익을 창출한다. 이처럼 다양한 플랫폼을 활용해 능력, 지식, 경험을 재구성하고 수익화하는 건 더 이상 특별한 일이 아니다.

그렇다면 이런 변화가 말하는 시사점은 뭘까?

첫 번째는 개인의 정체성이 조합 가능한 개념이 되었다는 것이다. 과거의 개인 정체성은 큰 타이틀 하나에 종속되는 개념이었다. 하지만 1인 르네상스 트렌드에서는 한 사람이 다양한 역할을 맡거나 역할을 바꿔가며 살 수 있다. 나라는 사람은 여전히 1명이다. 하지만 사회적 기능을 유연하게 조합하며 수익을 만든다. 나는 어떤 기능들을 조합해 메시지를 던질 것인지 스스로에게 물어야 한다.

두 번째는 역할 증명의 기회는 열려 있다는 것이다. 과거의 경력 증명 방식은 폐쇄적이었다. 승진이나 이직 등으로 자신을 증명했고, 문서로 평면적 입증 과정을 거쳤다. 물론 여전히 문서로 입증할 수 있는 역할은 공신력을 가져온다. 하지만 플랫폼을 통해 스스로 증명하는 것이 새로운 방법으로 떠올랐다. 수익화가 이뤄져 대중의 긍정적 리뷰가 쌓이면 자연스럽게 입증되는 것이다. 따라서 자신의 기능을 콘텐츠, 샘플 작업 등으로 변환해 외부에서 바로 확인할 수 있는 형태로 남겨야 한다.

세 번째는 역할이 브랜드의 핵심 기능이 된다는 사실이다. 브랜딩은 말투나 색상, 분위기 그 이상의 문제다. 내가 어떤 역할을 반복 수행했는지, 사람들이 어떤 기능을 나에게 기대하는지가 브랜드의 핵심이다. 따라서 반복적으로 수행할 수 있는 역할이 무엇인지 고민하고, 시장에서 가치가 있다고 판단한 기능을 브랜딩의 중점으로 삼아야 한다.

직업은 더 이상 나를 설명하는 타이틀이 아니다. 내가 가진 기능, 연결된 관계, 활용할 수 있는 도구, 타인이 기대하는 업무 주제 등이 직업을 설명하는 새로운 언어다. 유명 SNS 링크드인에서도 이력서보다 내가 쓴 글과 나의 관점을 담은 콘텐츠가 더 중요한 평가 요소가 된다. 1인 르네상스 시대에는 직장을 가진 사람이 살아남는 게 아니라, 기능으로 자신을 정의할 수 있는 사람이 살아남는다. 이 기능을 세상에 선보일 수 있게 도와주는 존재가 AI라는 사실을 잊지 말자.

AI와 업무 파트너로 공존하기, 신뢰 형성의 필수 조건

AI는 단순한 도구의 의미를 이미 넘어섰다. 앞서 지적했듯, 함께 일하는 동료로 인정받는다. 우리는 챗GPT와 대화하고, 캔바로 디자인 초안을 만들며, 노션 AI에 회의록 정리를 맡긴다. 이러한 협업 구조에서 AI는 실무자로 활약한다. 그런데 여기서 질문이 생긴다.

"내가 이 작업을 완성했다고 말할 수 있을까?"

"이 결과물의 저작권은 누구에게 있지?"

"AI가 추천한 내용이 문제를 일으켰다면 누가 책임져야 하지?"

AI를 도구로 보면 간단히 답이 나오는 문제들이다. 하지만 AI와 공동 창작, 공동 기획을 할수록 책임과 신뢰라는 무거운 단어들은 쉽게 해결되지 않는다.

AI 공동 작업에서 가장 먼저 부딪히는 문제는 기여도다. 다음과 같은 경우를 생각해 보자. A는 챗GPT에 소설의 줄거리와 인물 설정, 스타일을 요청했다. 챗GPT가 초고를 작성했고, A는 일부 문장만 다듬어 책으로 출간한다. B는 미드저니로 만든 아트를 플랫폼에 등록해 판매한다. 프롬프트 외에는 직접 수정하지 않은 이미지 그대로다. 이 두 사례에서 창작자는 누구인가? 챗GPT는 무형의 존재지만 결과물에 대한 기여도가 높은 건 부정할 수 없다. 하지만 챗GPT는 법적 저작권자가 될 수 없다.

아이러니한 상황은 창작의 개념 자체를 흔든다. 창작은 늘 의도나 감정 같은 인간적 조건을 요구한 영역이기 때문이다. AI와 협업할수록 이 요건은 의미를 잃는다. 그래서 1인 르네상스를 살고 있는 사람들은 AI와 협업했음을 명시하기도 하며 새로운 저작 시스템을 실험하고 있다.

하지만 더 큰 문제는 AI가 자신이 창작한 내용의 참고 출처가 어디인지, 그리고 왜 이런 결과물을 만들었는지 잘 설명하지 못한다는 것이다. 물론 검색 위주의 AI 툴은 이미 출처 표기 등을 명확히 하고 있다. 하지만 챗GPT의 경우 결과물을 모아 도출하면 출처를 알기 어렵다. 이는 정보 제공형 콘텐츠에서 치명적이다. 챗GPT가 제공한 내용이 가짜 정보라면 문제가 생긴다. 1인 르네상스를 이끌며 일하는 사람들이나 기업 브랜딩에 치명적 영향을 준다.

그래서 최근 강조되는 대안은 XAI, 설명 가능한 인공지능이다. XAI는 결과를 만들 뿐만 아니라, 결과에 대한 논리적 근거와 출처를 밝힐 수 있는 시스템이다. 실제로 많은 AI 기반 기업이 출처 강조, 추론 경로 공개와 같은 기능들을 계속 도입하고 있다. 수치나 분석 내용에 대한 근거 출처 표기도 의무화하는 추세다. 이 기능은 단지 기술적 향상을 의미하는 게 아니다. AI를 신뢰 가능한 업무 파트너로 만들기 위한 핵심 기반이다. 이 기반이 탄탄해질수록 1인 르네상스를 사는 사람들은 더 많은 기회를 만들 수 있을 것이다.

물론 AI와 공존한다는 것은 단순히 함께 일하는 것만 의미하는 게 아니다. 관계의 재설계가 필요하다. 사람과 사람이 함께 일하면 어떤가? 도덕성, 책임, 신뢰 등을 서로 요구한다. 나와 AI 파트너 사이에도 이런 기준이 필요하다. 이를 위해 3가지 윤리 원칙을 생각하라.

AI와 함께 콘텐츠를 만들었다면 그 사실을 명시적으로 밝히는 환경을 만들어야 한다. 출처 표기뿐만 아니라 공동 작업자를 명시하는 것을 기준으로 삼아야 한다.

공정성을 유지하는 것도 중요하다. AI가 만든 결과물을 자신의 능력이라고 과도하게 포장하지 않아야 한다. 특히 비즈니스와 관련된 영역은 더욱 엄격하게 생각할 필요가 있다.

마지막으로 지속적인 관리의 책임을 생각하라. AI의 결과물은 초안일 뿐이다. 최종 결과물에 대해선 사람이 책임을 진다는 기본 원칙을 유지해야 한다.

이 3가지만 정확히 지켜도 업무 파트너로서 AI와 신뢰 관계를 형성할 수 있을 것이다.

이제 AI는 선택이 아니라 기본이다. 그럴수록 사람의 책임 영역은 축소되는 게 아니라 오히려 명확해진다. AI가 대체하는 건 일이지 책임이 아니다. 챗GPT가 써준 이메일의 톤이 공격적이라면 AI가 아니라 내가 불쾌감을 줬다는 평가를 받는다. AI가 추천한 전략이 실패하면 책임은 그걸 채택한 사람에게 있다. 이처럼 AI는 업무의 일부를 대신할 뿐 사회적 책임까지 떠안을 순 없다. 그렇기에 AI 사용법뿐만 아니라 AI 활용 후 책임을 지는 방식에 대해 생각해야 한다.

사람과 AI는 윤리 측면에서 대등하지 않다. 감정도 없고 책임도 지지 않는 AI에게 인간의 윤리를 기대할 수는 없다. 하지만 우리는 AI를 일하는 파트너로 받아들여야 한다. 이유는 단순하다. AI는 사람이 가진 창의력과 의도를 극대화하기 때문이다. 이런 도구가 책임과 신뢰를 요구할 만큼 능동적으로 진화했다면, 사람은 관계를 설계해야 한다. 공존은 역할 분담이다. 그리고 이 분담은 기술에 대한 이해도가 아니라 정확한 태도와 원칙으로 유지된다는 걸 기억하라.

프롬프트 세계관 노동,
1인 르네상스 최적화 마인드셋 5계명

오전 7시, 한적한 마을의 작은 게스트하우스다. A는 눈을 뜨자마자 커피를 내리고 노트북을 펼친다. 오늘의 첫 번째 일은 구독자 400명 규모의 뉴스레터 작성이다. 내용은 '챗GPT로 설문 조사 결과 분석하는 법'이다. 글을 쓰고 미드저니로 이미지 몇 장을 생성했다. 뉴스레터에 들어갈 이미지로 활용했다. 뉴스레터를 보내고 나니 오전 10시다. 두 번째 일이 시작된다. 외주 플랫폼을 통해 의뢰받은 스타트업 브랜드의 인스타그램 콘텐츠 기획안을 전달한다. AI가 뽑아낸 초안 문장을 자신의 말투로 바꿔 다듬었다. 점심을 먹고 나서 카페에 앉아 캔바로 만들어둔 콘텐츠를 팔았다. 오늘은 3개나 팔렸다. 저녁에는 평소 함께 협업하는 UX 디자이너와 줌(Zoom)으로 온라인 회의를 했다. 새로운 유료 구독 상품 아이디어를 나누고, 다음 달 계획을 공유한다. 팀은 없지만, 함께 일하는 파트너들은 존재한다.

A는 전형적인 1인 르네상스형 노동자다. 직장은 없지만 수익을 창출한다. 직함은 없지만 수행 가능한 기능으로 평가받는다. 이 모든 건 AI와 디지털 플랫폼을 생산 도구이자 파트너로 삼는 마인드셋에서 비롯된다.

이런 상황 속에서 일의 정의에 대한 질문이 다시 등장했다. AI가 글을 쓰고, 디자인을 만들고, 전략을 짜는 지금, 사람들은 스스로에게 묻기 시작했다.

"내가 하지 않아도 되는 일을 꼭 해야 하나?"

"그렇다면 나는 어떤 일을 해야 하는가?"

과거에는 일이 생존을 위한 수단이었고, 직장은 그 일을 제공하는 플랫폼이었다. 그러나 AI가 많은 반복적·기술적 노동을 대체했다. 사람이 하는 일에 대한 정의가 근본적으로 달라진다. 그래서 지금 우리는 일의 정의를 새롭게 해야 하는 시점에 있다. 노동은 단지 생계를 위한 것이 아니다. 자신이 수행할 수 있는 기술을 통해 진짜 '나'를 만들어가는 방식이다.

기획서도, 시각 자료도, 콘텐츠도, 전략도 누구나 만들 수 있다. AI를 조금만 활용해도 금세 결과가 나온다. 대표적으로 기획서나 시각 자료는 업무에서 가장 골치 아픈 영역이다. 머릿속에 존재하는 사항을 문서와 이미지로 표현해야 하기 때문이다. 이제는 기술로 업무의 어려움을 해결할 수 있다. 한편으로는 AI가 일을 없앤다는 말도 나온다. 기획서나 시각 자료 등은 모두 사람이 담당해서 하던 일들인데, AI가 수행하면 굳이 사람을 고용할 필요가 없다.

하지만 여기서 주목해야 할 것은 기술이 일을 없앤다는 부정적 측면이 아니다. 기술이 맡을 일과 사람이 맡을 일을 구분하는 자세다. 반복적, 기계적인 일은 AI가 대체한다. 방향성 설정, 감정 설계, 정체성 표현은 사람이 맡는다. AI는 이제 사람이 하지 않아도 될 일을 알려준다. 하지만 동시에 무엇이 사람의 고유한 일인가에 대한 물음에 답을 준다.

이 변화는 노동의 중심축을 기술이나 조직에서 개인으로 이동시킨다. 자신이 어떤 의미를 만들고, 또 어떤 기술로 평가받는지가 직업을 구성한다. AI는 이 과정에서 자기 구현을 위한 아이디어를 제공하는 역할을 한다. 내 아이디어가 실제로 실행 가능한지, 시장성이 있는지 테스트할 수 있다. 나의 말투나 스타일을 반영한 콘텐츠를 만들어볼 수도 있고, 내가 갖고 있던 감정과 의도를 표현할 방법을 찾을 수도 있다. 예컨대 챗GPT로 글을 쓰다 보면 자신도 몰랐던 관심사나 스타일이 드러난다. 미드저니로 이미지 스타일을 실험하다 보면 선호하는 시각적 취향을 알 수 있다. 이런 과정은 기술을 통해 자기 정체성을 구현하고 확장해가는 창조적 노동의 시간이라고 할 수 있다.

이제 사람은 어떤 질문을 던질 수 있느냐로 평가받는다. 이 질문은 단순히 궁금증을 가지는 일을 의미하는 게 아니다. 설계에 대한 질문, 방향성에 대한 질문, 그리고 통찰력을 도출할 수 있는 질문이다. 이게 바로 프롬프트다. 프롬프트는 정확히 말하면 질문이 아니다. 나의 의도와 시선, 판단 기준, 그리고 통찰을 투영한 명령문이다. 시간을 거듭할수록 고유의 스타일과 세계관이 생긴다.

나는 이 상황을 '프롬프트 노동'이라는 말로 표현하고자 한다. 누군가가 시켜서 수동적으로 일하는 게 아니다. 스스로 원하는 방식으로 질문하며, 자신이 가장 원하는 결과를 얻는다. 자신의 이야기를 투영하며 주도하는 일이다. 즉, 프롬프트는 단순히 AI를 다루는 방식이 아니라 나의 모든 걸 반영하는 종합적 메시지다. 그래서 프롬프트 노동이라는 말이 아깝지 않다.

그렇다면 프롬프트 노동의 시대는 어떤 마인드셋으로 대비해야 할까? 1인 르네상스를 가능하게 만드는 마인드셋은 다음과 같다.

1. 결과보다 방향이다

AI가 빠르고 정확하게 결과를 내주는 시대다. 결과는 누구나 낼 수 있다. 그러니 사실 결과는 중요하지 않다. 더 중요한 건 결과의 방향성이다. 쉽게 표현하자면 방향성에 대한 감각이 있어야 한다는 것이다. AI가 결과를 빠르게 말할수록, 사람은 방향을 제시하는 존재가 되어야 한다. 1인 르네상스는 방향성 설정 없이 이뤄질 수 없다.

기능은 있다. 방향을 설계하는 건 사람이다.(출처: 패러닷)

드라마 「천국보다 아름다운」은 AI를 활용해 재미있는 팝업 스토어를 연 적이 있다. 주인공 '해숙'이 천국에 입장하며 겪은 심사 과정을 AI로 표현했다. 'AI 입국 심사관'이 하는 질문에 답변하고, '천국 프로필 사진' 촬영을 통해 설정한 나이에 따라 천국에 간 자신의 모습을 이미지로 확인하는 방식이다. 천국에 간 자들이 앞으로 살아갈 나이를 설정할 수 있다는 드라마 세계관을 그대로 반영해 시청자들의 공감을 자아내고 참여를 유도했다. 이 사례에서 결과는 정해져 있다. 사진을 만들어준다는 게 결과다. 하지만 단순한 사진이 아니라 '천국 프로필'이다. 드라마 세계관을 더한 사람의 지혜가 있었기 때문에 방향성이 생겼다. 이처럼 결과에 연연하지 말고, 특색 있는 방향성을 위한 고민을 아끼지 말아야 한다.

2. 프롬프트를 스스로 설계하라

프롬프트 활용법은 기초적 스킬이다. 기초를 넘어선 활용 방법은 스스로 찾아야 한다. 프롬프트는 단순한 명령이 아니라 내 의도의 선언이기 때문이다. 내가 하는 질문은 나의 업무, 상황, 시선을 반영한다. 잘 쓰는 것보다는 나답게 쓰는 것이 더 중요하다.

3. 공감 능력을 발휘하라

AI는 데이터를 잘 다룬다. 검색이나 자료 수집에도 능하다. 하지만 공감과 감정, 맥락 해석은 여전히 사람의 몫이다. 내가 아무리 좋은 결과를 낸다고 한들 타인의 마음에 닿지 못하면 의미 없다. 똑같은 정보를 전해도, 어떤 말투로 말하느냐에 따라 결과가 다르다. 같은 이미지를 만들어도, 어떤 타이밍에 제시하느냐에 따라 감동의 정도가 다르다. 1인 르네상스는 공감의 언어가 더해질 때 완성될 수 있다.

미국의 패스트푸드 업체 하디스는 해석의 강점을 잘 보여준 바 있다. 하디스에는 '슈퍼스타'라는 대표 버거 제품이 있다. 하디스는 이 제품을 AI에게 생성해달라고 요청했다. 문제는 AI가 만들어낸 이미지가 슈퍼스타 버거와는 영 달랐다는 것이다. 그래서 하디스는 계속 요청했다. 현실에 있는 슈퍼스타 버거와 최대한 가까운 이미지를 얻으려는 의도였다. 하지

해석은 각자 하기 나름이다.
(출처: 하디스)

만 결국 재현하지 못했다. 이 상황을 하디스는 '역발상'으로 해석했다. AI도 구현하지 못하는 버거 콘셉트다. AI조차 접근하기 어려우니 우리는 그만큼 독보적 버거를 만들고 있다는 메시지를 전했다. 공감과 해석은 사람의 영역이다. 결과를 그대로 받아들이기보다, 자신만의 해석을 더한 지혜가 흥미로운 마케팅 프로젝트를 만들었다.

4. 노동은 시스템보다 흐름이다

일을 설계할 때는 생산성 시스템과 함께 자기 리듬을 먼저 고려해야 한다. 루틴 같은 것들이다. 몰입의 시간은 사람마다 다르다. 자기 에너지와 일의 주기 사이의 균형을 스스로 맞출 수 있어야 한다. 시스템이 아무리 좋다고 해도 결국 내가 따라가지 못하면 의미가 없다. 공부 계획만 잔뜩 세워놓고 체력이 부족해 실행하지 못하는 학생을 떠올려보자. 시스템보다 나의 흐름이 중요하다.

5. 테스트 가능한 구조를 지향한다

AI가 제공하는 결과는 정답이 아니다. 이 결과를 다듬을 수 있는 유연한 사고와 경험이 필요하다. 최근의 환경은 완벽한 기획보다 수정과 조정이 쉬운 프로토타입을 만드는 걸 더 선호하기도 한다. 부담 없이 실험할 수 있기 때문이다. 작게 만들고, 빠른 실험으로 인사이트를 도출하라. 그리고 확실한 조정을 통해 완성본을 만드는 과정을 지향해도 좋다.

1인 르네상스는 결국 자신이 정의하는 노동의 시대를 만들었다. 이제 노동은 누구나 할 수 있는 게 아니다. AI 덕분에 무엇이든 할 수 있는 시대가 열렸기 때문에, 누구나 할 수 있는 것 대신 '나'만 할 수 있는 것들을 찾아야 하는 시점이다. 그래서 사람들은 일에 대한 진지한 메시지를 스스로에게 묻는다.

AI는 우리를 해방시켰다. 반복적 노동에서, 실행의 부담에서, 표현의 두려움에서 자유롭게 만들었다. 이제 남은 건 새로운 노동에 대한 정의에 적응하는 일이다. AI와 두려움 없이 협업하고, 2026년의 트렌드가 말하는 흐름에 스스로를 맡겨라. 여러분을 위한 르네상스는 이미 열려 있다.

에필로그

트렌드,
가치를 넘어 삶의 방향으로

이 책을 집필하는 내내 나는 수많은 변화의 징후를 좇았다. 어느새 피부에 와닿은 개인화, 이제는 당연한 조건처럼 느껴지는 ESG, 숏폼과 롱폼 사이를 오가는 콘텐츠, 그리고 브랜드를 넘어 감각을 판매하는 시장의 전략까지 다양한 현상을 발견하고 반영했다.

단편적으로만 보면 그저 빠르게 바뀌기만 하는 것 같은 흐름이다. 하지만 좀 더 세심하게 들여다보면 흐름이 있다. 동시대를 살아가는 사람들이 어떤 요소에 끌리는지 관찰하면 비로소 이 흐름이 눈에 들어온다.

트렌드는 유행을 해석하는 데 머물지 않는다. 사람들이 무엇을 중요하게 여기고 어떤 방식으로 살아가려 하는가에 대한 실마리를 제공한다. 그래서 트렌드에는 기술과 감각이 함께 존재한다. 또한 속도와 리듬이 조화를 이루며, 숫자와 감성이 같은 곳에 자리한다.

기업들은 트렌드를 자신들의 명분으로 활용한다. 대중이 선호하는 요소를 관찰하고, 이 흐름에 맞게 새로운 제품이나 서비스를 출시한다. 기업은 이익을 추구하는 집단이다. 이유 없는 전략은 없다. 기업의 행보를 가장 잘 설명하는 게 바로 명분이 되는 트렌드다. 따라서 트렌드는 사회의 변화뿐만 아니라 경제적 흐름까지 포착할 수 있는 중요한 개념이다. 이처럼 중요한 트렌드의 의미가 내가 매년 트렌드를 좇도록 만드는 원동력이다.

서두에서 언급했듯 우리는 지금 변곡점에 서 있다. 예측하기 어려운 미래와 기후변화, 그리고 불확실한 경제 상황을 마주했다. 다양한 기술은 우리의 삶을 빠르게 바꾸고 있고, AI는 신기한 도구를 넘어 삶의 파트너로 자리했다. 이런 변화와 함께 모든 비즈니스와 소비가 다시 정의된다. 팬데믹이 새로운 표준을 뜻하는 '뉴노멀'을 일반적으로 사용하게 만들었다면, 지금 우리는 매일같이 뉴노멀이 등장하는 시대에 산다. 새로운 삶의 방식을 선언하고, 그간 꿈꿔온 많은 것을 실현할 새로운 방식을 찾아다니고 있다.

나는 이 책을 통해 단순한 트렌드 정보를 말하려 한 게 아니다. 어떻게 살아야 할지, 그리고 트렌드가 말하는 메시지를 어떻게 적용해야 할지에 집중했다. 물론 나보다 더 빠르게 움직이는 AI가 흐름을 알아채고 알려줄 수 있다. 하지만 인간이 이야기하고, 생각하고, 또 새로운 지식을 말하기 위해 고민한 지식과는 차이가 있을 것이다. 이 차이점을 모두에게 알리기 위해 트렌드를 번역하고, 일상에 활용할 수 있는 이야기로 만드는 데 주력했다.

이 책의 끝에서 내가 한 번 더 강조하고 싶은 건 사람들이 이제 브랜드나 기업이 만들어놓은 세계를 따라가지 않는다는 것이다. 스스로의 삶과 감각, 세계관을 중심에 놓은 후 이에 맞는 것들을 조합해 자신을 표현한다. 이것은 마케터에게도, 브랜드에도, 창작자에게도, 기업에도, 또 대중에게도 불가피한 생각의 전환을 요구하고 있다.

우리는 때때로 익숙함 속에서 안도한다. 하지만 결국에는 새로운 경험을 향한 갈망에 이끌린다. 기업과 브랜드, 그리고 일상을 함께 사는 대중도 마찬가지다. 지나치게 새로운 변화가 가져올 여러 가지 조건이 두렵겠지만, 결국은 새로운 요소를 꺼내야 살아남는다. 때로는 고통을 가져오기도 하겠지만, 변화에 대한 감각을 스스로 적용하면 새로운 가능성의 문을 열 수 있는 기회가 생긴다. 트렌드를 이해하고 자신만의 방식으로 적용하는 사람은 변화의 계기와 함께 불확실한 시대를 리드하는 힘을 가질 것이다.

이 변화의 계기를 마련하길 바라며 이 책을 썼다. 2026년, 달라진 감각으로 세상을 보고 싶은 모든 이에게 이 책이 지혜를 제공하길 바란다. 트렌드를 적용하며 색다른 전략을 찾고, 여러분만의 세계관과 태도를 설계하는 데 필요한 실마리를 찾을 수 있길 진심으로 기원한다. 아울러 매년 이어가는 트렌드에 대한 탐구를 앞으로도 계속하며 더 많은 사람에게 의미 있는 기준점을 제시하겠다.

CONSUMPTION TRENDS